그들만의 시장
외화채권 입문

채권은 정말 다른 금융 상품에 비해서 더 어려울까?

그들만의 시장

초판 1쇄 발행 2017년 3월 22일
2쇄 발행 2018년 7월 27일
3쇄 발행 2020년 6월 29일

지은이 진율
감수자 고선
펴낸이 장길수
펴낸곳 지식과감성#
출판등록 제2012-000081호

디자인 이현
편집 이다래, 최예슬
교정 정혜나
마케팅 고은빛

주소 서울시 금천구 벚꽃로 298 대륭포스트타워6차 1212호
전화 070-4651-3730~4
팩스 070-4325-7006
이메일 ksbookup@naver.com
홈페이지 www.knsbookup.com

ISBN 979-11-5961-533-7(13320)
값 18,000원

ⓒ 진율 2017 Printed in Korea

잘못된 책은 구입하신 곳에서 바꾸어 드립니다.
이 책의 전부 또는 일부 내용을 재사용하려면 사전에 저작권자와 펴낸곳의 동의를 받아야 합니다.

이 도서의 국립중앙도서관 출판예정도서목록(CIP)은 서지정보유통지원시스템
홈페이지(http://seoji.nl.go.kr)와 국가자료공동목록시스템(http://www.nl.go.kr/kolisnet)에서
이용하실 수 있습니다. (CIP제어번호 : CIP2017006425)

홈페이지 바로가기

그들만의 시장

외화채권 입문

진율 지음 | 고션 감수

채권은 정말 다른 금융 상품에 비해서 더 어려울까?

채권은 어렵다?
채권이란 금융 상품은 어떻게 보면 참 역설적인 상품이다

서문

2003년 11월, 삼성증권에서 씨티그룹 글로벌 마켓 증권으로 이직하면서 외화 채권 시장에 대해 처음으로 접하게 되었고, 이후 10년이 넘게 외화 채권 시장의 세일즈로 근무하였다. 채권 시장의 사람들을 '그들만의 세상'이라고 부르듯이, 대학에서 경영학을 전공하였음에도 불구하고, 필자에게는 전혀 새로운 시장이었으며, 수많은 새로운 지식의 습득을 필요로 하였다. 업무에 익숙해지면 익숙해질수록, 필자가 속한 세상 밖과 전혀 동떨어진 세상에서 일하고 있다는 느낌을 지울 수가 없었다.

채권은, 일반 사람들은 궁금해하지도, 잘 알지도 못하는 복잡한 금융 상품일 뿐, 사람들은 이 시장을 그닥 알려고도, 이해하려고도 하지 않는다. 주식 관련 서적은 서점에 넘쳐나는 반면, 채권 관련 서적들은 눈을 씻고 찾아봐도 찾기 어려운 것도 전혀 이상하지 않다. 그나마 채권 관련 내용이 포함된 대부분의 교과서들마저도 지극히 기초적인 채권의 가격 공식과 듀레이션(Duration), 좀 더 나아가 봐야 채권의 볼록성(Convexity) 정도가 설명될 뿐, 자세하거나 실무적인 내용은 전혀 포함되어 있지 않다. 이는 영문으로 된 서적들도 마찬가지여서, Frank J. Fabozzi 교수가 쓴 지극히 교과서 수준의 책들을 제외하고는 실무에 대해서 자세하게 설명한 책들이 없어서, 필자도 처음에 참고할 만한 도서가 없었던 기억이 있다.

필자는 씨티그룹 글로벌 마켓 증권(Citigroup Global Markets

Securities), 제이피모건 증권(J.P. Morgan Securities), 바클레이즈 캐피탈(Barclays Capital)을 거친 외화 채권 시장에서 근무한 기간 동안, 여러 명의 쥬니어 세일즈들, 그리고 인턴들과 같이 업무하였다. 매번 새로운 쥬니어나 인턴이 올 때마다, 채권 시장에 대한 선지식이 거의 전무하였기에, 비록 비체계적인 교육 방식이나마 업무를 통해 하나하나 가르쳤고, 그 중 몇몇 친구들은 아직도 시장에서 훌륭하게 영업을 하고 있는 세일즈들이다. 그들을 가르치면서 얻은 경험과, 비체계적이었던 교육 방식을 조금이라도 체계적으로 만드려는 노력의 일환으로 파이낸셜포레스트(Financial Forest, www.financialforest.com)라는 블로그를 운영하였다. 비록 독자의 대상이 폭넓지 않아 많은 독자를 확보하지는 못하였으나, 모자란 블로그임에도 호평을 해 준 여러 금융 전문가들의 격려에 힘입어 이 책을 집필하게 되었다.

필자는 경영학 박사도 아니고, 강한 이론적 배경을 갖고 있지도, 글 솜씨가 뛰어나지도 않다. 하지만, 여러 사람들에게 외화 채권 시장에 대한 개념을 이해시키려고 해 왔던 노력, 시장에서 10여 년을 근무하면서 서적이나 강의에 의해서 배운 내용이 아닌, 처음 업무를 시작하면서, 거의 무에 가까운 지식수준에서 여기저기 부딪히면서 하나하나 배우고 익힌, 실무에서의 경험을 위주로 외화 채권 시장을 보다 더 잘 이해할 수 있게 도울 수 있었으면 한다.

그들만의 시장 – 외화 채권 입문에서는 복잡한 수학 공식이나 계산이 아닌, 개념적인 측면에서 채권 시장에 대한 이야기를 할 것이다. 입문편이니만큼, 복잡한 구조화 상품이나 미국 달러화가 아닌 기타 채권에 대해서는 간략하게 언급만 할 것이며, 이론적인 보강을 원하는 독자들은 여러 교과서에서 그 내용을 보완하여야 할 것이다.

이 책이 발간되기까지 곁에서 힘이 되어 주었던 많은 분들 중에서 감사하게도 제이피모건과 바클레이즈에서 필자를 고용해 주셨으며, 흔쾌히 감수를 허락해 주신 ANZ의 고준흠 대표님, 항상 힘이 되어 주는 노무라 증권의 이찬욱 상무님, 바클레이즈에서 같이 근무하였고, 코스폴(KOSPOLL)이라는 핀테크 사업을 시작한 김대호 대표, 바클레이즈 홍콩에서 같이 근무한 전승명 이사, 한승준 과장과 필자를 외화 채권 시장으로 입문하게 해준 씨티그룹 글로벌 마켓 홍콩의 이재우 전무님, 그리고 오랜 친구이자 학계의 조력자인 한국금융연구원의 김남종 연구위원, 그리고 이 오랜 과정을 모두 지켜봐 주고 옆에서 응원해 준 필자의 와이프와 부모님, 어설픈 블로그임에도 팔로우를 해 주어 본 책이 출간되게 용기를 북돋아 주신 파이낸셜포레스트의 모든 팔로워들에게 무한한 감사의 말씀을 올린다.

감수를 마치며

고션(Sean Ko)

저자와 동종 해외 채권 관련 영업 업무에 종사하며 만나게 되어, 2007년부터 제이피모간(J.P.Morgan)과 바클레이즈(Barclays)에서 동료 및 조력자로 인연이 되어 함께 근무하였다.

2016년 1월, 바클레이즈(Barclays)의 한국 철수 결정 발표와 함께, 서로 다른 길을 가게 되었지만 10년 가까이 함께 근무하였고, 지금까지도 저자와 함께 일하게 된 것에 대해 매우 감사하고 소중한 인연이라 생각한다. 저자와 함께 같은 꿈을 꾸며 재미있게 일했다고 얘기할 수 있을 것 같다. 추후, 또 다른 인연으로 만나 함께 일할 수 있기를 기대해 본다.

"그들만의 시장" 집필에 대해 저자에게 들었을 때, 너무 좋은 생각이라 여겼다. 실무를 중심으로 대학생이나 금융업을 커리어(Career)로 시작하는 분들께 유용한 책이 될 수 있으리라 감히 확신한다. 이 책을 통해 독자들이 조금이라도 해외 채권과 연계된 실무에 대한 이해에 도움이 되길 바라며, 또한 이 책을 계기로 외국 투자 은행의 Markets business(금융 시장과 다양한 금융 상품을 다루는 업무)에 대한 관심을 갖길 바란다.

대부분 투자 은행 하면 기업 금융, IPO, M&A Advisory 등을 떠올리게 될 것 같다. 하지만 외국계 투자 은행에서 Markets Business가 차지하는 비중은 투자 은행 전체 수익의 60~70% 이상을 차지할 정도다.

Markets Business를 보통 은행이나 증권사에서 FX(외환), 채권, 혹은 주식을 다루는 분야 정도로 생각하기 쉬운데, Fixed Income만으로도 그 범주가 지속적으로 넓어지고 있고, 매우 여러 분야로 나뉘게 된다. 또는 FICC(Fixed Income, Currency and Commodity)로 불리기도 하는데, FICC도 어떤 면에서는 주식을 제외한 모든 금융 상품을 지칭하기도 한다. 어떤 형식으로 불리던 간에, Markets에 대한 Textbook이 따로 없기에, 학교에서 채권 관련 이론이나 파생 상품 이론 정도 수업을 듣긴 하겠지만 이 분야를 제대로 이해할 수 있는 책을 찾기는 쉽지 않다. 미국 서브프라임 위기(Subprime Crisis) 이후 출간된 여러 금융 관련서를 통해 외국 투자 은행의 Markets business의 일부분에 대해 부분적으로나마 이해가 될 수 있을 것 같다.

금융은 역사적으로 경제 및 사회 발전에 매우 중요한 역할을 해왔으며, 지속적으로 발전해 왔다. 물론 미국 서브프라임 사태를 필두로 도덕적 해이나 시스템적인 문제가 지적된 것은 사실이나, 금융 기술은 계속해서 진화하여야 하고, 그 역할 또한 간과되어서는 안 된다.

글로벌 금융 위기를 겪으며, 세계 경제는 많은 어려움을 겪고 있으며 경기를 부양하고자 노력하고 있다. 한편, 금융 감독 당국들의 금융 산업에 대한 제약과 관리가 금융 시장에 미치는 부정적인 영향도 커지고 있다. 은행의 건전성 강화와 금융 산업에 대한 정당한 관리는 필요하지만, 금융 기관들의 위축으로 인한 금융 시장 유동성 악화라는 부정적인 영향은 한 예가 될 것이다. 이러한 제재와 관리 강화만으로는 또 다른 위기를 초래할 수 있지 않을까 조심스런 우려를 갖게 된다.

금융 시장이 정상화 되고, 또한 지속적인 금융 기술의 발전으로 보다 다양한 금융 Solution이 개발되고 시장 참여자에게 보다 긍정적인 영향을 줄 수 있다고 생각하며, 이 또한 금융 종사자들에게 더 큰 열정과 동기 부여가 될 수 있길 바란다.

CONTENTS

01 그들만의 시장   13

02 채권의 기초   17
- 채권은 어렵다?   18
- 채권의 기초 개념   22
- 채권의 수익률 쿠폰 이자율   31
  - [참고] Dirty Price와 Clean Price   36
- 듀레이션(Duration)의 개념   38
- 채권의 볼록성(Convexity)   42
- 채권의 보유 이익(Carry & Roll Down)   46
  - [참고] 채권쟁이들의 필수 시스템, 블룸버그   50

03 미국 국채시장   55
- 미국 국채(US Treasury)는?   56
- 미국 국채의 종류   59
  - [참고] 미국 국채 시장의 32진법   66
- Bloomberg PX1 화면   68
- 미국 국채 금리 커브의 형태   74
- 미국 국채 금리 커브의 움직임   81
  - [참고] 연방 기금 금리(Federal Funds Rate)란?   90
  - [참고] 연방 준비 제도(Federal Reserve System)와 연방 공개 시장 위원회(FOMC)   94
- 입찰과 WI(When Issued Market), 결제   98
- 레포(REPO) 시장   102
- 숏 커버링(Short Covering)   106
  - [참고] 미국 비농업 부문 취업 종사자(Nonfarm Payroll, NFP)   110
  - [참고] 미국의 신규 실업 수당 청구 건수(Initial Jobless Claims)와 실업 보험 연속 수급 신청자 수(Continuing Claims)   114
  - [참고] 경제 지표의 진화, 중국 위성 제조업 지수(SMI, Satellite Manufacturing Index)   116

04 비국채 시장 (스프레드 프로덕트 [Spread Product])   123

- 스프레드 프로덕트(Spread Product)란?   124
- 스프레드(Spread)의 구성   126
  - [참고] LIBOR(London Interbank Offered Rate)란?   130
- 스프레드 프로덕트(Spread Product)의 종류   134
  - [참고] 브래디 본드(Brady Bond)   142
- 발행 시장(Primary Market)   146
  - [참고] 신규 발행 채권의 할당   152
- 발행 시장(Primary Market)에서의 금리 위험의 헤지   157
- Reverse Inquiry와 MTN(Medium Term Note)   161
- 채권의 형태(Format of Securities)   164
- 신용 등급   169
- 유통 시장의 구조   173
  - [참고] 채권 인덱스   184
  - [참고] 채권 시장의 월말 매수 세력(Month-End Buying)   187
- 시장 조성자(Market Makers)   189
- 트레이더의 수익 창출과 헤지(Hedge)   194
- 스프레드 프로덕트의 호가   204
- 스프레드 프로덕트의 가치 판단   211

05 스왑의 이해   217

- 스왑이란?   218
- 이자율 스왑(금리 스왑, Interest Rate Swap)   220
- 자산 스왑(Asset Swap)   224
  - [참고] [심화] 쿠폰 스왑(Coupon Swap)과 파-파 스왑(Par-Par Swap)   228
- 신용 부도 스왑(CDS, Credit Default Swap)   234
  - [참고] 신용 사건이 예상되는 기업의 신용 부도 스왑   242
- 통화 스왑(Cross Currency Swap, CCS, CRS)   246
- 베이시스 스왑(Basis Swap)   249
- 토탈 리턴 스왑(Total Return Swap, TRS)   251
- 인플레이션 스왑(Inflation Swap)   256

채권 시장은 엄청난 규모의 시장이라고 할 수 있다. 필자 또한, 하루 가장 많은 규모의 거래를 한 날의 거래량이 USD 2 Billion, 원화로 약 2조 원을 거래했을 정도이니, 엄청난 자금이 움직이는 거대한 시장임에 틀림없지만, 세상 사람들은 이 시장의 규모에 비해 알고 있는 것이 너무 없다.

01

그들만의 시장

채권이란 금융 상품은 어떻게 보면 참 '역설적'인 상품이다. 경기가 좋아지면 전반적인 시장 금리가 상승하면서 채권 투자자들은 손해를 보는 것이 일반적이고, 반대로 경기가 안 좋아지면 시장 금리가 하락하면서 채권 투자자들은 이익을 보게 된다. 따라서 주식을 투자하는 사람들과는 세상을 거꾸로 보고 있는 셈이며, 대다수의 시장 참여자들이 주식을 위주로(특히 개인의 경우에는) 투자하는 지라, 남들이 시장 악화로 손해를 보고 있을 때, 활황이 되는 시장이며, 반대로 남들이 수익을 얻고 있을 때, 극심한 침체를 겪게 되는 시장이다. 또한, 개인들의 참여가 저조하여, 일부 기관투자자들과 채권 전문 영업, 트레이딩하는 사람들이 참여하는 시장이니, 그 밖으로는 잘 알려져 있지도, 별로 궁금해하지도 않는 시장이기도 하다.

그중에서도 외화 채권 트레이딩, 세일즈, 운용을 하는 인력들은 극소수에 불과하니, 더욱 베일에 싸여 있다고도 할 수 있겠다.

하지만, 아래의 숫자들을 살펴보자.

2016년 2사분기 기준 미국 발행채권 잔량(단위 Billion USD)

General Government	16,505
Non-Financial Corporations	5,762
Financial Corporations	15,127
Total	37,614

[참고자료: Summary of debt securities outstanding, BIS]
[http://www.bis.org/statistics/c1.pdf]

국제 결제 은행(BIS, Bank for International Settlements)에 따르면, 2016년 2사분기 기준, 발행자가 미국의 정부이거나 기업인 총 채권 발행 잔액(Debt Outstanding, 발행되었으나 아직 상환이 안 된, 현재 존재하는 채권의 총액)은 USD 37,614 Billion, 37조 6천 1백 4십억 달러라고 밝혔다. 1달러당 1,000원이라고 가정해도, 3경 7천 6백 14조 원이다. 어마어마한 숫자 아닌가? 뿐만 아니라 가까운 일본의 발행자들이 발행한 총 채권 발행 잔액만 해도, 달러 기준으로 USD 13,849 Billion, 13조 8천 4백 9십억 달러에 달하니, 가히 채권 시장은 엄청난 규모의 시장 이라고 할 수 있다. 필자 또한, 하루 가장 많은 규모의 거래를 한 날의 거래량이 USD 2 Billion, 원화로 약 2조 원을 거래했을 정도이니, 엄청난 자금이 움직이는 거대한 시장임에 틀림없지만, 세상 사람들은 이 시장의 규모에 비해 알고 있는 것이 너무 없다.

2007년 미국에서 시작한 서브프라임 위기는 전 세계 경제에 막대한 영향을 미쳤으나 사실 서브프라임 모기지로 인해 어떤 경로로 리만 브라더스의 파산이 일어났는지, ABS(Asset Backed Securities) CDO(Collateralised Debt Obligation)가 어떻게 그 시발점이 되었는지 등을 이해하는 사람은 많지 않다.

1997년 아시아 금융 위기도 마찬가지이다. 우리나라가 외채 상환이 어려워지면서 IMF(국제 통화 기금)의 지원을 받을 수밖에 없는 상황이었다는 것 정도만 알 뿐이지, 도대체 왜 그러한 일이 벌어졌는지 제대로 아는 사람은 많지 않을 것이다.

주식 업무나 금융 회사의 다른 업무를 하는 사람들, 그리고 실제 주식 투자를 하는 사람들도 채권이란 금융 상품은 막연히 어렵다고 생각하는 사람들이 많다. 채권은 정말 다른 금융 상품에 비해서 더 어려울까?

02

채권의 기초

그들만의 시장 외화채권입문

채권은 어렵다?

주식 업무나 금융 회사의 다른 업무를 하는 사람들, 그리고 실제 주식 투자를 하는 사람들도 채권이란 금융 상품은 막연히 어렵다고 생각하는 사람들이 많다. 채권은 정말 다른 금융 상품에 비해서 더 어려울까?

결론부터 말하자면, 필자의 생각은 '아니다'이다. 하지만, 그들 말대로, 채권 시장에서 전문가가 되기는 주식 시장의 전문가가 되는 것보다 어렵다고 생각한다.

앞서 '그들만의 시장'에서도 채권이란 상품이 참 '역설적'이라고 표현했었다. 왜 채권은 사실 별로 어려울 것이 없는데, 그럼에도 불구하고 채권 시장에서 전문가가 되기가 더 어렵다고 느낄까?

채권이란, 간단히 말해서 돈을 빌리는 사람과 돈을 빌려주는 사람과의 약속이자 계약이다. 내가 얼마만큼의 돈을 빌려줄 테니 그 돈에 대해서 매년 몇 퍼센트의 이자를 지급하고, 몇 년 후에는 원금을 갚으라는 약속이다. 돈을 빌려주는 사람 입장에서는, 돈을 빌리는 사람의 여타 자세한 상황이나 처지 등에는 크게 관심이 없고, 단지 자신의 돈에 대한 이자를 갚을 수 있는 능력이 있는지, 만기에 원금을 돌려줄 수 있는지에 대해서만 예측할 수 있으면 된다. 그리고, 그 만기까지의 기간은 대부분 유한하며 (Perpetual Bond 등 만기가 존재하지 않는 채권도 존재하기는 한다), 대체로 수년에 불과하다. 즉, 돈을 빌려주는 사람, 다시 말해서 투자하는 사람 입장에서 처리해야 할 정보가 주식에 비해 훨씬 적은 양이고, 또한, 상대적으로 '예측 가능한' 기간에 대한 투자이다.

반면에 주식은 어떤가? 주식을 보유한 사람은 배당금을 지급받기는 하지만, 그 배당금 여부와 금액은 해당 기업의 수익성에 의해 결정된다. 한 기업이, 1년 후에 내가 투자한 금액에 대한 '약속'된 이자 금액을 지급할 수 있을지를 예측하는 것에 비해, 그 기업의 수익성에 따라 배당금이 과연 지급이 될 것인지, 얼마나 지급될 것인지를 예측하는 데 필요한 정보 처리량의 차이는 엄청날 것이다. 아니, 사실 필자의 의견으로는, 예측이 불가능하다. 기업이 활동하는 비즈니스 환경은 그다지 안정적이고 예측 가능한 환경이 아니다. 경쟁사의 전략, 신제품의 출시, 시장의 침체, 환율의 움직임, 원자재 가격의 움직임, 생산 비용의 증감 등은 그나마 대략적으로라도 그림을 그려볼 수 있다고 치더라도, 경영진의 변화, 몇몇 임직원의 부정에 의한 횡령, 그리고 그로 인한 손실, 법규 및 규제의 변화로 인한 판매 중지 및 제약, 갑작스러운 관세 설정으로 인한 수출의 어려움, 새로운 대체재의 출시 등을 어떻게 다 일일이 예측할 수 있겠는가? 당장 1년 후의 배당금이라도 예측하기가 쉽지 않을 것이다.

그렇다면 주식의 가격은 어떤가? 모두가 알다시피, 주식을 투자하는 사람들은 대부분 배당에 의한 보유 이익보다는 주식의 가격 변화에 의한 자본 소득을 추구한다. 주식의 가격을 예측할 수 있을까?

필자의 생각에는, 주식의 가격을 예측하기 위한 가장 기본적인 가정 중 하나인 '계속 기업의 가정(Going Concern Assumption)' 자체에 대해서 어불성설이라고 생각한다. 어떤 기업의 수명이 무한할 것이라는 가정은 그 자체로도 말이 안 되지만, 그 가정하에서의 주식 가격 예측은 결국 인간에게 '미지의 영역'으로 만들어 버렸다. 금년의 배당금이 얼마일지 예측하기도 힘든데, 어떻게 한 기업의 무한한 미래를 예측하고 그 미래의 수익성을 일일이 계산할 수 있겠는가?

이에 반해서 채권의 현금 흐름 예상은 훨씬 더 예측 가능하며, 더 근접한 미래에 대한 예상이다. A라는 기업의 채권을 사서 보유한 투자자는, 그 채권의 만기가 도래하기 전에 A기업이 부도만 나지 않으면 자신이 예상한 현금 흐름을 받아갈 수 있다. 주식의 배당이나 가격 변동을 예상하는 것보다 훨씬 용이하지 않은가? 예를 들어, 삼성전자가 금년에 배당할 금액이 주당 얼마인지, 앞으로 어떤 경영 성과를 일으키면서 주식 가격에 변동이 생길지를 예상하는 것보다, 삼성전자가 3년 안에 부도가 날지 안 날지를 예상하는 것이 훨씬 쉽지 않은가?

그렇다. 채권은 주식보다 단순하고 쉽다. 채권을 발행한 기업이 부도가 나지 않으려면, 약속된 이자와 원금을 약속된 기간에 지급하여야 하고, 투자자는 그 기업이 약속한 금액을 주는 이상, 다른 모든 작은 사항들에 대해서는 고민해 볼 필요도 없다.

하지만, 참으로 '역설적'이게도, 예측이 더 용이하고, 예상 가능한 미래에 있을 일들에 대한 투자이기에, 채권 시장에서의 업무들은 더 복잡해진다. 예측과 예상이 가능한 영역이기에, 시장의 기대 심리 등에 크게 좌우되는 주식 시장보다 더 수학적이고도 통계적으로 접근하게 된다. 필자가 생각하기에, 채권 시장에 근무하는 사람들은, 자신의 업무를 위해서 계산을 더 많이 해야 할 것이고, 숫자와 셈에 더 밝아야 할 것이며, 더 수학적이어야 하며, 또한 더 논리적이어야 한다.

그들만의 시장 외화채권입문

채권의 기초 개념

채권의 개념이나 계산 공식 등은 웬만한 재무 관리 수업 시간에 모두 다루고 있기 때문에 대부분의 금융 및 경영 전공자나 관련 업무를 하는 사람들은 채권이 무엇인지 막연하게나마 이해하고 있을 것이다. 본 저서에서 구체적으로 다룰만한 내용은 아닌 듯싶지만, 이론보다는 개념적으로 한 번쯤 짚어 보는 것도 좋을 듯하여 주요 개념들만 정리해 본다.

채권이란, 돈을 받아야 할 권리를 증명하는 문서이다. 이러한 문서를 전문 용어로는 유가 증권이라고 부르지만, 가장 단순한 개념으로 접근하자. A라는 기업이나 사람이 B에게 돈을 빌렸고, B는 돈을 빌려줬다는 사실과, 향후 받아야 할 이자 금액 및 원금에 대한 세부 사항이 적힌 차용 증서를 받았다면, 이 문서가 채권이다. 받을 돈이 있는 사람을 채권자라고 표현하고, 갚을 돈이 있는 사람을 그 의무가 있다 하여 채무자라고 표현한다. 가장 일반적인 형태는 일정 금액의 원금을 빌린 후에, 매년 일정 금액의 이자 금액을 지불하고, 채권의 만기에 원금과 마지막 이자 금액을 같이 지불하는 형태이다.

그다지 어려운 정의나 개념이 아닌 듯하지만, 필자 주변에는 채권이라는 말만 들어도 이해를 힘들어하고, 골치 아파하는 경우가 많아서, 필자가 채권을 이해시키기 위해 자주 사용하는 예를 들어 개념적으로 설명해 보겠다. 이미 채권에 대해서 익숙한 독자들은 건너뛰어도 무방할 듯하다.

사례 1

투자자 B씨는 금일 오전에 시중 은행에 가서 1,000 불 (USD) 어치의 거치식 예금에 가입하였다. 예금의 조건은 다음과 같다.

예금 만기	3년
이자 금액	매년 2.00%, 매년 말 지급
중도 상환	불가능
타인 양도	가능

투자자 B씨는 금일 USD 1,000을 투자하였고, 1년 후에 2.00%에 해당하는 USD 20을 이자 금액으로 지급받고, 2년 후에도 마찬가지로 USD 20을 이자 금액으로, 그리고 3년 후에는 원금 USD 1,000과 함께 3년 차의 이자 금액인 USD 20을 합친 USD 1,020을 지급받을 것이다.

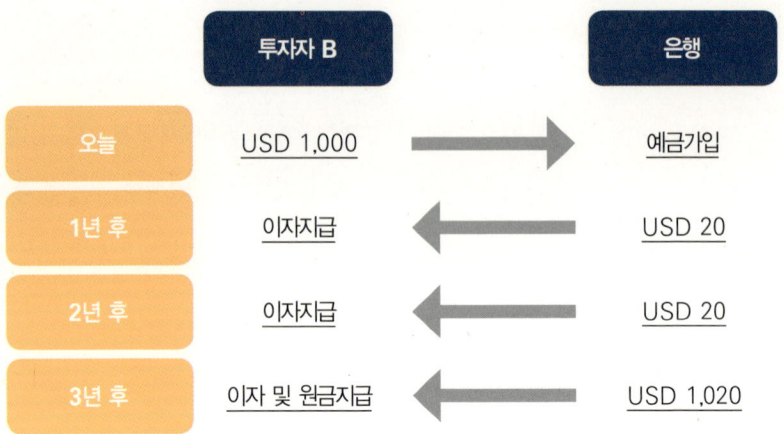

비록 이 사례에서는 예금의 예를 들었지만, 중도 상환이 불가능한 거치식이고 타인 양도가 가능하다는 점에서 채권과 거의 비슷한 형태이다.

물론, 예금은 예금자 보호 제도가 존재하고, 예금 취급 은행들은 통화 정책상 중요한 역할을 하고 있기 때문에, 신용 위험이 거의 없을 것이다. 따라서, 은행의 거치식 예금을 보유한다는 것은, 은행이 발행한 채권을 보유하는 것과 유사하지만, 무위험 자산에 가까운 수준의 신용 위험을 포함할 것이다. 설명의 편의를 위해 위의 거치식 예금을 무위험 자산이라 가정하자.

사례 2

투자자 B씨는 오전에 은행 업무를 처리하고 귀가하였다. 귀가하여 뉴스를 봤더니, 마침 금융 통화 위원회가 열리는 날이었고, 시장에서 전혀 예상 못한, 1.00%의 금리 인상을 하였다. (시장이 예측도 못한 상황에서

1.00%의 금리 인상을 하는 경우는 없다. 하지만, 극단적인 사례를 위해 극단적인 가정을 하였다.)

부랴부랴 은행에 전화를 해 봤더니, 투자자 B씨가 오전에 가입한 거치식 예금 금리는 3.00%로 상승하였고, 앞서 사례1에서 보다시피 중도 상환이나 해약은 불가능하다.

만약 투자자 B씨가 금일 오후에 급한 자금이 필요해서 해당 예금을 누군가에게 양도한다면 투자자 B씨는 USD 1,000을 받을 수 있을까?

투자자 C씨가 있다고 치자. 투자자 C씨도 B씨와 마찬가지의 예금 상품을 오늘 가입하려 하였지만, 오전에 은행에 들르지를 못해서 뜻밖에 3.00%의 금리로 예금을 가입할 수 있다. 은행에 가는 길에 투자자 B씨를 만났고, 투자자 B씨가 지금 급한 돈이 필요해서 그런데 어차피 가입할 예금, 자신이 보유한 예금 증서를 일정 금액을 주고 사가라고 설득했다고 가정하자. 투자자 C씨가 투자자 B씨의 예금 증서를 매수하기 위해 기꺼이 지불할 금액은 분명히 USD 1,000보다는 작을 것이다. 투자자 C씨는 지금 은행에서 예금을 가입하면, USD 1,000을 투자하고, 매년 USD 30씩, 만기에 USD 1,000의 원금을 지급받을 수 있을 것이기 때문에, 매년 USD 20씩, 만기에 원금 USD 1,000을 지급하는 조건으로 설정된 투자자 B씨의 예금을 당연히 USD 1,000보다 낮은 금액을 주고 매입할 것이다. 정확한 계산을 한다면, 약 USD 971.71 정도를 지불할 것이다. 물론 투자자 B씨의 상황을 이용하여 더 낮은 금액에 매수할 수도 있다.

사례 3

반대의 경우다. 투자자 B씨는 오전에 은행 업무를 처리하고 귀가하였다. 귀가하여 뉴스를 봤더니, 마침 금융 통화 위원회가 열리는 날이었고, 시장에서 전혀 예상 못한, 1.00%의 금리 인하를 하였다. 은행 예금 금리는 1.00%로 하락하였다.

오후에 갑작스런 급전이 필요해지는 상황이 발행하여 다시 은행에 가던 중, 투자자 C씨를 만났다. 투자자 C씨는 지금의 금리로는 매년 USD 10의 이자 금액, 그리고 만기에 USD 1,000을 지급받을 수밖에 없다. B씨는 투자자 C씨를 설득하여 자신의 예금 증서를 매입하게 한다면, 당연히 C씨로부터 USD 1,000이 넘는 금액을 받을 수 있을 것이다. 아마도 금액은 USD 1,029.41 정도일 것이며, 물론 투자자 B씨의 상황을 이용하여 좀 더 낮은 금액에 매수할 수도 있다.

내용을 정리하면, 투자자 B씨는 해약이 불가능한 3년 만기의 거치식 예금을 가입하였고, 이는 결국 채권의 현금 흐름과 매한가지이다. 사례2와 같은 경우에 투자자 B씨가 현금이 필요하다면, 최소 약 USD 28.29 어치의 손해를 보고 예금 증서를 매각하여야 한다. 반대로 사례3과 같은 경우는, 최대 약 USD 29.42 어치의 이익을 보고 매각할 수 있다.

여기서 중요한 사실을 꼽아보면;

1. 투자자 B씨는 금리의 움직임에 의해서 자신의 투자금액 USD 1,000이 USD 971.71 – USD 1,029.41까지 변할 수 있었다. 금리의 움직임이 더 컸다면 훨씬 더 큰 폭의 변화가 생길 수도 있다.
2. 시장 금리가 상승하게 되면 투자자 B씨는 보유하고 있는 거치식 예금(채권) 가치가 하락하고, 금리가 하락하게 되면 거치식 예금 가치가 상승한다.
3. 투자자 B씨가 중간에 예금 증서를 현금화해야 하는 상황이 발생하지 않는다면, 투자자 B씨는 금리 움직임에 관계없이 예금 가입 시 예상했던 연 USD 20씩 3년간 이자 금액과 3년 후 원금을 획득할 것이다.

1과 2에서 언급된 금리 움직임에 따라 투자한 자산의 가치가 움직이는 것을 금리 위험(Interest Rate Risk)라고 부른다. 어느 한 시점에 자신이 보유한 자산의 금액을 시가 평가(Mark to Market)한다면, 금리 움직임으로 인해 보유 자산의 가격 변동이 상당히 일어날 수 있다.

반면에, 자신이 투자한 금액이 투자 당시에 예상한 현금 흐름대로 꾸준히만 나온다면, 시장 금리의 움직임에 별 신경 쓰지 않는 사람도 있을 수 있다. 그 투자자는 채권(사례에서는 예금)을 보유함으로써 누릴 수 있는 보유 이익(Carry), 즉 이자 금액에 만족하고 별다른 조치 없이 만기까지 보유할 것이다.

여기서 2번에 주의하자. 채권(혹은 거치식 예금)을 투자한 사람 입장에서는 금리가 상승하면 보유 자산의 가치가 하락하고, 금리가 하락하면 보유 자산의 가치가 상승한다. 사례2와 사례3을 다시 읽어보면, 간단하게 이해될 수 있는 부분임에도 불구하고, 수많은 사람들이 헷갈려 하는 내용이며, 심지어 유명 경제 신문에서도 이 부분이 잘못 서술되어 있는 기사들이 종종 발견된다. 이 책을 읽는 독자들은 적어도 금리가 상승하여 채권 가격이 상승했다라는 아주 기초적인 실수는 하지 말자.

참고로, 필자가 위의 사례들에서 금리 움직임에 따른 예금 가격 변동을 계산하기 위해서 사용한 공식은 아래와 같다.

채권의 가격　　　　= 미래 예상되는 현금 흐름의 현재 가치
(혹은 예금의 가격)　= $[C_1/(1+r)^1]+[C_2/(1+r)^2]+\cdots+[C_n/(1+r)^n]+[P/(1+r)^n]$

(여기서 C는 이자 지급 금액, r은 이자율, P는 채권 원금.)

사례 4

앞선 사례들을 재활용해 보자. 모든 상황은 동일하고, 금리는 2.00%에서 움직이지 않았다고 가정하자. 다만, 투자자 B씨가 오후에 필요한 금액이 USD 1,000가 아닌, USD 2,000이었다고 가정해 보자.

일단, 투자자 B씨는 자신이 이미 보유한 거치식 예금 USD 1,000 어치를 투자자 C씨한테 USD 1,000에 양도할 수 있었을 것이다. B씨가 보유한 거치식 예금은 어차피 이자 금액 및 원금을 지급하여야 하는 주체가 은행이므로, C씨는 자신이 거치식 예금을 2.00%에 새로 가입하는 것과 다

를 것이 없다.

하지만, 추가로 C씨에게서 빌리려고 하는 USD 1,000도 2.00%에 빌릴 수 있을까? 추가로 C씨가 빌려주는 USD 1,000은 B씨가 개인적으로 빌리는 금액이기에 더 이상 은행이 이자나 원금 지급을 보장하지 않는다. 투자자 C씨는 B씨가 이자나 원금을 제때 못 갚을 가능성, 혹은 아예 갚지 못할 가능성 등을 고려해야 하며, 그러한 위험을 떠안게 되는 보상을 원할 것이다. 그 보상으로, 2.00%의 추가 이자를 요구하였고, B씨는 이를 받아들여서 추가 USD 1,000은 B씨와 C씨 개인 간의 거래로 3년 동안 C씨가 B씨에게 USD 1,000을 빌려주었고, B씨는 2.00% + 2.00% = 4.00%에 해당하는 USD 40을 매년 이자로 지급하고 만기에는 마지막 해의 이자 금액인 USD 40과 원금 USD 1,000을 갚기로 하였다.

사례4에서 언급한 "B씨가 이자나 원금을 제때 못 갚을 가능성, 혹은 아예 갚지 못할 가능성"을 신용 위험(Credit Risk)라고 부른다. 그리고 C씨는 그러한 신용 위험에 대한 보상, 즉 위험 프리미엄(Risk Premium)으로 무위험 금리(여기서는 거치식 예금 금리)보다 2.00%가 높은 금리를 요구하였고, 이를 무위험 금리 대비 가산 금리, 혹은 스프레드(Spread)라고 부른다.

위의 4가지 사례로 우리가 평상시 입출금하는 예금과 별반 차이가 없는 채권의 개념과, 금리 위험(Interest Rate Risk), 보유 이익(Carry), 신용 위험(Credit Risk), 위험 프리미엄(Risk Premium), 그리고 가산 금리, 혹은 스프레드(Spread)에 대한 개념이 자리 잡을 수 있을 것이다. 또, 절대 헷갈려서는 안 되는 채권의 경우, 금리가 상승하면 보유 자산의 가치가 하락하고, 금리가 하락하면 보유 자산의 가치가 상승한다는 점도 꼭 명심하자.

그들만의 시장 외화채권입문

채권의 수익률과 쿠폰 이자율

채권에 익숙하지 않은 사람들이 채권의 쿠폰 이자율과 채권의 수익률, 즉 채권의 금리에 대해서 혼동하는 사람들이 많다. 쿠폰 이자율이라 함은, 해당 채권을 보유하게 되면 매 기간에 지급되는 이자 금액을 채권 원금에 대한 비율로 나타낸 것이며, 채권의 수익률은 채권을 만기까지 보유하게 되는 동안 쿠폰 이자 금액을 포함한 모든 수익을 연이율로 나타낸 개념이다.

언뜻 글로만 읽기로는 이해가 힘들 수 있다. 아래의 사례와 그림을 통해서 이해하자.

사례 1

A채권은 만기가 3년인 채권으로, 현재 시장 금리가 3.00%이며, 쿠폰 이자율이 3.00%, 매년 이자 지급을 하는 채권이다.(따라서, 채권의 가격

은 100, 즉 Par Value이다.) 현금 흐름을 그림으로 나타내면 아래와 같다.

투자 시점에 100만큼의 투자를 하여 채권을 보유하고, 매년 말에 3씩의 쿠폰 이자를 지급받으며, 만기에는 원금 100과 마지막 해의 이자 금액인 3만큼을 지급받는다.

이 사례에서는 채권의 가격이 원금과 정확히 일치하는 100이기 때문에, 쿠폰 이자율과 채권의 수익률이 일치한다. 즉, 쿠폰 이자율과 수익률이 둘 다 3.00%이다. 보통 발행 시점에는 채권의 가격이 100에 거의 근접해 있을 것이므로, 쿠폰 이자율과 채권의 수익률이 크게 차이가 나지 않는다.(일반적으로 채권의 쿠폰 이자율을 2.875%, 3.00%, 3.125%, 3.25% 등으로 1/8 단위로 나누는 경우가 많아서 정확히 100에 발행되는 경우보다는 100보다 약간 낮은 가격에 발행하는 경우가 많다.)

다음의 사례를 살펴보자.

사례 2

B채권은 만기가 3년 남은 채권으로, 현재 시장 금리가 3.00%이며, 쿠폰 이자율이 1.00%, 매년 이자 지급을 하는 채권이다. 채권의 기초 개념에서 언급하였듯이 이 채권의 가격은 100보다 낮은 가격에 형성되어 있어야 하며 계산하면, 약 94.34가 나온다. B채권의 현금 흐름을 그림으로 나타내면 아래와 같다.

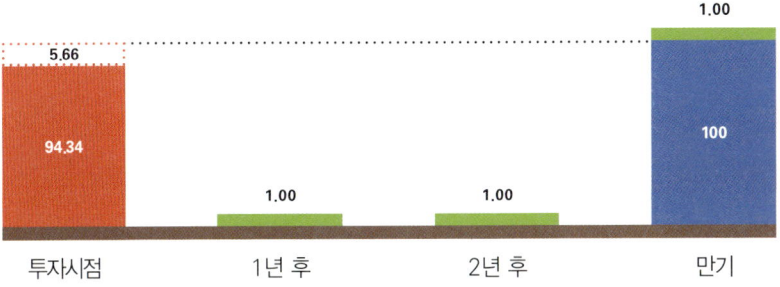

초기 투자 시점에 채권의 가격, 약 94.34를 투자하였고, 매년 1만큼의 쿠폰 이자를 지급받지만, 만기에 원금을 100만큼 돌려받기 때문에 쿠폰 이자 금액 이외에 5.66만큼의 원금 상승분을 수익으로 획득하게 된다. 이 5.66만큼의 시간 가치를 고려하면 연 2.00% 어치의 수익이 되며, 채권의 수익률은 3.00%가 되는 것이다. 좀 더 이해하기 편하게 그림으로 그리면

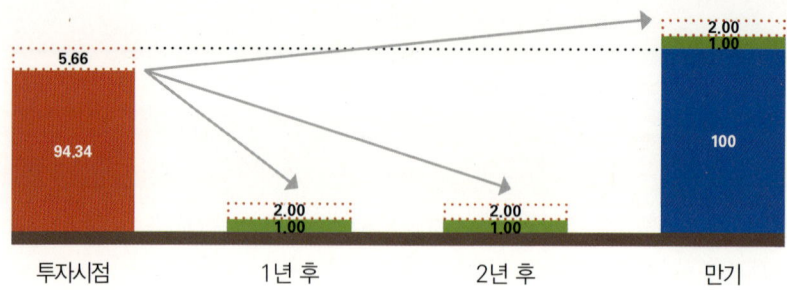

위의 그림과 같이 초기 투자 금액인 약 94.34와 만기 원금 상환 금액인 100의 차이인 약 5.66 어치를 시간 가치를 고려하여 각 기간에 배분하면 2만큼의 금액으로 환산되고, 쿠폰 이자 금액인 1과 합해져서 수익률은 3.00%로 계산되게 될 것이다.

사례 3

반면에, C채권은 만기가 3년 남은 채권으로, 현재 시장 금리가 3.00%이며, 쿠폰 이자율이 5.00%, 매년 이자 지급을 하는 채권이다. 이 채권의 가격은 100보다 높은 가격에 형성되어 있어야 하며 계산하면, 약 105.66이 나온다. C채권의 현금 흐름을 그림으로 나타내면 아래와 같다.

쿠폰 이자로 매년 5만큼의 금액을 만기까지 받기는 하지만, 최초 투자하였을 당시 투자한 약 105.66이 만기에는 100만큼 밖에 돌아오지 않는다. 즉, 5.66만큼의 초기 투자 금액을 만기에 돌려받지 못하는 대신에, 3.00% 채권 수익률만큼이 아닌 5.00%의 쿠폰 이자를 매년 지급받았다.(사례2와 마찬가지로, 초기 초과 투자 금액 5.66은 시간 가치를 고려하여 각 기간에 배분하면 정확히 2만큼의 차감 효과를 나타낼 것이다.)

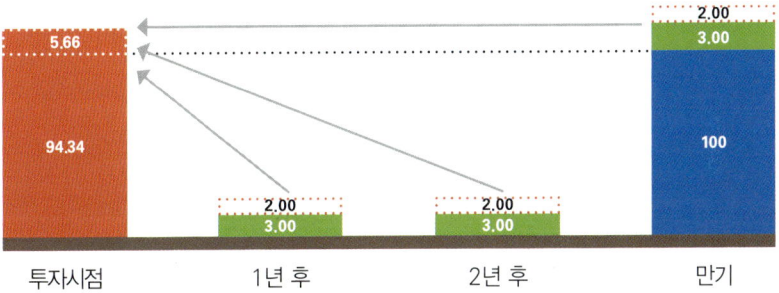

사례1,2,3을 살펴보면, A, B, C 채권 모두는 채권 수익률은 같지만 쿠폰 이자율은 상이하다. 쿠폰 이자율 혹은 쿠폰 이자 금액은 해당 채권을 보유함으로써 발생하는 단순한 현금 흐름을 의미하고, 채권의 수익률이라고 하면, 투자 금액과 쿠폰 지급 금액, 만기에 상환되는 원금까지 고려하여 채권을 매수, 만기 보유까지 전반적으로 발생하는 수익의 총합을 연이율로 나타낸 것임을 확인할 수 있다. 따라서, 채권의 기대 수익 및 가치판단에 있어서는 채권의 수익률을 사용하여야 할 것이며, 쿠폰 이자율과 혼동되어서는 안 될 것이다.

 **Dirty Price와 Clean Price**

채권의 특성상, 채권의 가격은 Dirty Price와 Clean Price, 두 가지로 표현될 수 있다.

앞서서 살펴봤듯이, 채권의 가격은 미래의 현금 흐름에 대한 현재 가치로 표현된다. 하지만, 이자의 지급일이 보통 1년에 2번 정도이므로, 정확히 지급일에 채권을 매입/매도하지 않는다면, 채권 거래할 당시의 경과 이자(Accrued Interest)에 대한 지급이 필요하다. 미래의 현금 흐름에 대한 현재 가치를 그대로 가격으로 반영한다면(Dirty Price), 특별히 금리가 움직이지 않는 한, 모든 채권의 가격은 경과 이자를 포함하기 위해 이자 지급일까지는 가격이 상승할 것이고, 이자가 지급되는 즉시 그 금액만큼 가격이 하락하는 모습을 보일 것이다. 이는 채권 가격의 판단이나 호가에 있어서 혼돈과 불편함을 줄 수 있기 때문에, 외화채권 시장에서는 경과 이자 부분을 제외한 Clean Price로 가격을 호가 및 거래하고, 결제 시에 경과 이자 부분은 따로 포함시키는 방법을 쓴다. Dirty Price와 Clean Price의 정의, 및 관계를 정리하면 아래와 같다.

Dirty Price = 최근 이자 지급 이후에 발생한 모든 경과 이자를 반영하는 채권의 가격
Clean Price = 경과 이자 부분을 제외한 채권의 가격
Dirty Price = Clean Price + 경과 이자

외화 채권 시장에서는 특별한 경우가 아닌 이상, Clean Price를 기준으로 호가 및 거래하며, Dirty Price를 기준으로 거래하여야 할 상황이라면, 일반적이지 않은 경우이므로, 미리 상호 간에 언급하여야 한다.

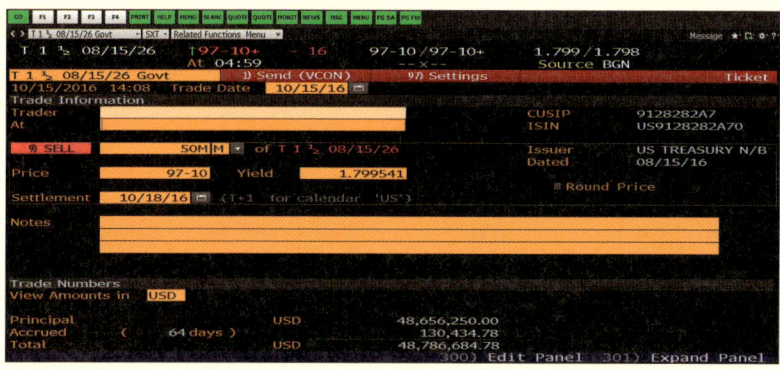

블룸버그의 SXT 화면, Clean Price를 가격 (Price) 부분에 입력하면, 원금 (Principal)과 경과이자 (Accrued)가 자동으로 계산되게 되어 있다.

블룸버그(Bloomberg)를 비롯하여 로이터(Reuters) 등의 모든 채권 관련 플랫폼들 또한, Clean Price를 기준으로 거래하도록 설계되어 있으며, Clean Price를 입력하면, 경과 이자(Accrued Interest)를 포함한 총 결제 금액이 자동으로 계산되게 되어 있다.

앞서도 잠시 언급하였지만, 경과 이자의 반영으로 이후 이자 지급일까지 가격이 계속 상승하는 모습을 그리는 Dirty Price는 채권의 가치 평가를 하기에 적합하지 않다. Clean Price를 사용함으로써 투자자는 발행사에 대한 위험, 금리 변화에 의한 가격 변동, 해당 채권의 적정 가치 등에 대해 판단하기가 수월하다.

듀레이션(Duration)의 개념

채권과 채권 시장을 이해하는데 있어서 듀레이션(Duration)의 개념은 필수적인 부분이다. 하지만, 채권을 직접 취급하는 사람들이 아니라면, 이론적, 수학적으로만 이해할 뿐, 듀레이션의 개념이 정확히 무엇인지를 아는 사람은 많지 않다. 듀레이션의 개념을 정확히 짚어 보자.

한국에서 재무 관리를 배운 사람들은 아래의 공식과, 가중 평균 상환 기간이라는, 무슨 말인지도 잘 모르겠는 단어로 듀레이션을 접했을 것이다. 우리가 배웠던 듀레이션, 정확히 말하면 맥컬리 듀레이션(Macaulay duration)의 공식은 아래와 같았다. (맥컬리 듀레이션은 이 개념을 처음 소개한 캐나다의 경제학자 Frederick Macaulay의 이름을 딴 것이라고 한다.)

$$V = \sum_{i=1}^{n} PV_i$$

$$MacD = \frac{\sum_{i=1}^{n} t_i PV_i}{V} = \sum_{i=1}^{n} t_i \frac{PV_i}{V}$$

i는 현금 흐름 순서
PVi는 i번째 현금 흐름의 현재 가치
ti는 i번째 현금 흐름까지의 기간(연 단위로 환산)
V는 자산으로부터 모든 미래 현금 흐름의 현재 가치(즉, 채권의 가격)

솔직히 말해서 필자도 저 복잡한 수학 공식이 도대체 무엇을 의미하는지 파악하기가 힘들다. 이론적인 설명으로는, 채권에서 발생하는 현금 흐름을 기간 가중을 해서 평균을 냈다는데, 결국 가중 평균 상환 기간이라는 알아듣기 힘든 말과 같은 말이다.

수정 듀레이션(Modified Duration)은 다음과 같다.

$$ModD = \frac{MacD}{(1+y_k/k)}$$

k는 매년 복리 횟수 (반기에 한 번 이자 지급은 2, 월별 이자 지급은 12)
y_k는 자산의 만기 수익률

희소식을 먼저 알려 주면, 위의 모든 공식은 블룸버그(Bloomberg)를 비롯한 채권 관련 시스템들이 친절하게도 계산을 해 주며, 우리는 그 공식을 업무적으로 사용할 일이 거의 없다.

하지만, 저 복잡한 공식으로 산출된 숫자들이 무엇을 의미하는지는 이해하자.

맥컬리 듀레이션을 기반으로 수정된 수정 듀레이션은 금리의 변화에 의한 채권 가격의 퍼센트 변화를 산출한다. 즉, 금리가 1% 변화하였을 때, 채권 가격이 몇% 변화하는지를 예상하기 위해 사용된다.

다시 말해서, 채권이나 여러 개의 채권으로 구성된 채권 포트폴리오를 보유한 투자자가, 금리가 움직였을 때 자신이 보유한 채권이나 채권 포트폴리오가 얼마나 가치가 변화할지를 예측하는 수단이고, 또한 자신이 금리 변화에 의해 노출되는 위험이 어느 정도인지를 측정하기 위한 수단이다.

비슷한 개념으로, DV01(Dollar Value of an 01 [1bp], D-V-O-One이라고 읽는다.) 개념이 있으며, 이는 금리가 1bp(Basis Point) 움직였을 때, 변하는 채권의 가치를 의미하며, BPV(Basis Point Value), Dollar Duration, Bloomberg Risk 등이 같은 개념이다.

$$D_\$ = DV01 = -\frac{\partial V}{\partial y}$$

금리의 변화에 따른 채권 가격의 변동률을 측정하는 듀레이션(Duration)은 다음과 같은 주요 성격을 가지고 있다.

- 듀레이션이 클수록, 금리 변동에 따른 채권의 가격 변동 폭은 증가한다.
- 표면 금리가 높을수록, 듀레이션은 짧아진다.

- 만기 수익률이 높을수록, 듀레이션은 짧아진다.
- 잔존 기간이 길수록, 듀레이션은 커진다.
- 무이표 할인채의 듀레이션은 만기까지의 기간과 동일하다.

다시 말하지만, 블룸버그(Bloomberg)를 비롯한 채권 관련 시스템들은 채권을 검색하는 즉시 계산된 듀레이션을 보여 줄 것이다. 그 숫자가 의미하는 바가 무엇이며, 그 숫자가 어떤 성격을 가지고 있는지 정도만 알고 있다면, 굳이 듀레이션을 엑셀이나 기타 도구로 계산할 줄 모른다 해도 채권 관련 업무를 하는데 있어서 크게 부족하지 않을 것이다.

블룸버그 YAS 기능의 Duration 화면

채권의 볼록성(Convexity)

듀레이션에 대해서 얼추 파악했다면, 이번에는 한 단계 더 나아가 보자. 마찬가지로, 복잡한 수학적 계산이나 학문적 이론은 학교나 교과서를 통해 습득할 것을 당부 드리고, 여기서는 개념적인 수준에서만 접근하겠다.

채권의 볼록성(Convexity)이란 무엇일까?

볼록성(Convexity)을 설명하기 위해서 우선 채권의 금리와 가격 간의 관계를 대략적인 그림으로 나타내 보자.

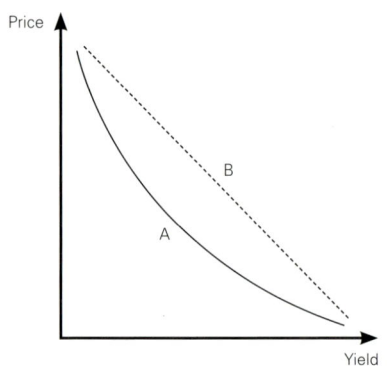

채권의 기초 개념에서 설명하였듯이, 채권 금리가 상승하면 채권의 가격이 하락하고, 금리가 하락하면 채권의 가격이 상승한다. 그리고 듀레이션(Duration)의 개념에서 설명하였듯이, 금리의 변화에 따른 가격의 변동폭은 듀레이션으로 측정한다.

위의 차트를 보자. 실제로 각 금리별로 채권의 가격을 구해 보면, A의 곡선 형태로 채권 금리에 따른 가격이 형성된다. 듀레이션은 어느 한 점에서의 금리 움직임에 대한 채권의 민감도를 표현한 것이고, 그 민감도는 A곡선의 해당 지점에서의 기울기로 표현된다. 하지만, 채권의 금리와 가격 간의 상관관계가 직선을 나타내고 있지 않기 때문에, 해당 지점에서의 기울기로 대변되는 듀레이션만 가지고는 채권의 가격 변동을 정확히 계산하기 힘들다. 예를 들어, 금리가 1bp 움직이는 데 가격의 변화를 DV01으로 측정하였더라도, 금리가 10bp, 100bp 움직였다면, 현재 시점의 DV01과 100bp 금리가 움직였을 때와의 DV01은 틀릴 것이라는 것이다. 이는 듀레이션(Duration)의 개념에서 언급했던 듀레이션의 성격에서도 짐작할 수 있다. "만기 수익률이 높을수록, 듀레이션은 짧아진다.", 또한 반대로 "만기 수익률이 낮을수록, 듀레이션은 증가한다."로도 표현될 수 있을 것이다. 즉, 듀레이션은 금리 수준에 따라 변동하며, 금리 수준에 따라 변동하는 듀레이션까지 정확히 측정하기 위해서는 채권의 볼록성(Convexity)을 고려해야 한다.

요컨데, 듀레이션(Duration)은 채권 금리의 변동에 따른 채권 가격의 변화 정도라면, 볼록성(Convexity)은 채권 금리의 변동에 따른 듀레이션의 변화 정도라고 이해하면 된다.

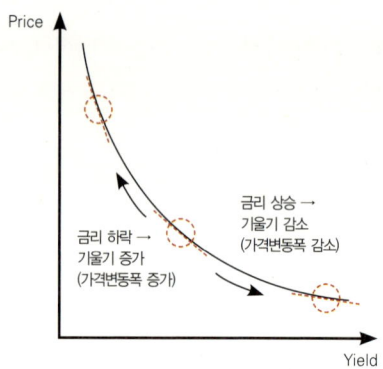

일반적인 고정 금리의 채권이라면, 볼록성은 양(+)의 숫자를 나타내며 위와 같은 채권 금리와 가격 간의 상관관계가 형성된다. 그림의 곡선을 따라가 보자. x축인 채권금리가 감소하면 감소할수록, 가격의 변화율은 커지고, 반면에 채권의 금리가 상승하면 상승할수록, 가격의 변화율은 작아지는 것을 볼 수 있다. 즉, 금리가 상승할수록 채권의 가격 변동률인 듀레이션은 감소, 금리가 하락할수록 듀레이션이 증가하는 모습을 볼 수 있다.

이 양(+)의 볼록성, 영어로는 Positive Convexity라고 하는 부분은, 뒤에서 언급할 채권의 보유 이익에서 언급할 캐리와 롤다운 효과와 함께, 채권을 보유하는 것이 유리한 자산으로 만들어 준다.

다시 생각해 보자. 채권을 보유한 투자자 입장에서, 채권 금리가 상승하면, 채권 가격이 하락하여 보유한 채권 가치가 하락하는 결과로 나타나지만, 금리가 상승하면 상승할수록, 그 가격 하락 폭은 적어진다. 반면에 채권 금리가 하락하면, 채권 가치가 상승하는데, 금리가 하락하면 하락할수록 채권 가치 상승 폭이 증가한다. 즉, 손실을 볼 때는 그 손실 폭이 점점 줄어들게 되고, 수익을 볼 때는 그 수익 폭이 점점 증가하는 효과가 생기게 되는 것이다.

(대부분의 채권이 양(+)의 볼록성을 가지고 있지만, 모든 채권이 그런 것은 아니다. 특히, 콜 옵션을 포함한 콜러블 채권이나 주택 저당 채권 (MBS, Mortgage Backed Securities) 같은 경우에는 금리가 상승하면 만기가 길어지고, 금리가 하락하면 만기가 짧아지는 효과가 생기기 때문에 음(−)의 볼록성(Negative Convexity)의 성질을 가지는 채권들도 존재한다.)

그들만의 시장 외화채권입문

채권의 보유 이익(Carry)

채권 또한 주식처럼 단기적으로 채권 가격의 변화를 통해 자본 소득을 추구하는 투자자들이 있고, 우리가 짐작하는 것보다 훨씬 활성화되어 있는 시장이긴 하지만, 채권은 기본적으로 보유를 위한 금융 자산이다. 채권의 기초 개념에서도 살펴봤지만, 채권은 예금과 거의 동일한 구조를 지니고 있으며, 기간에 따른 이자의 지급으로 현금을 보유한 것보다 수익성이 우수하다.

금리의 움직임에 의하지 않은, 채권을 보유함으로써 투자자가 얻을 수 있는 채권의 보유 이익에 대해서 알아보자.

채권의 보유 이익(Carry)은 크게 두 가지로 나눌 수 있다.

첫 번째는 당연한 이야기이겠지만, 채권을 보유함으로 인한 이자 수입이다. 이러한 이자 수입은 보유한 채권의 만기 수익률에 의해서 수익이 발생할 것이며, 단순한 쿠폰이자 지급액뿐만이 아니라, 할인채를 매입하였다면 만기에 가까워지면서 원금에 금액이 가까워지는 부분이 양(+)의 수익률로 작용할 것이며, 반대로 할증채를 매입하였다면 만기에 가까워지면서 할증된 가격에 거래된 채권의 가격이 원금에 가까워지는 부분이 음(−)의 수익률로 작용하여 쿠폰 이자 수익률을 감소시키는 영향을 미칠 것이다.

모든 투자자는 자신의 자금을 조달하는 비용이 발생하게 되는데, 그 비용보다 높은 만기 수익률을 가지는 채권을 투자하였다면, 양(+)의 보유 이익(Positive Carry)이 생길 것이고, 자금 조달 비용보다 낮은 만기 수익률을 가지는 채권을 투자하면 음(−)의 보유 이익(Negative Carry)이 발생할 것이다.

두 번째의 보유 이익은 롤 다운(Roll Down)이라고 부르고, 본 편은 특히 이 부분을 설명하기 위한 것이다. 롤 다운(Roll Down) 효과는 채권이 만기가 가까워지면서, 금리나 커브에 다른 변화가 없다면 시가 평가가 상승하게 되는 것을 의미한다.

우선 아래의 그림을 살펴보자.

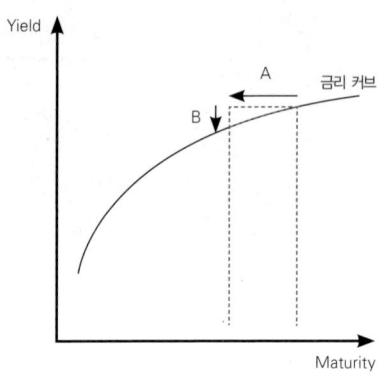

일반적인 채권의 수익률 곡선은 위와 같이 만기가 길어질수록 금리가 상승하는, 우상향하는 곡선을 띄게 된다. 만약에 투자자가 10년 만기의 채권을 매입하였고, 금리나 금리 커브의 형태가 크게 변하지 않은 상태에서 3년이란 기간이 흘렀다면, 그 투자자는 3년 간의 이자 금액을 지급받기도 하였겠지만, 위와 같이 보유 채권의 만기가 짧아지면서 금리 커브에서 좌측으로 이동한, 7년 만기의 채권을 보유하고 있을 것이다. 화살표 A는 채권을 보유하면서 채권의 만기가 짧아지는 방향을 나타낸 것이고, 화살표 B는 다른 모든 조건이 동일하였을 때, 만기가 짧아졌기 때문에 해당 채권이 과거에는 10년 만기였지만 7년 만기가 됨으로써 금리 커브 상에서 더 낮은 금리를 적용받는 부분을 표현하였다. 더 낮은 금리를 적용받게 되면서, 3년 동안 채권을 보유하는 동안 B만큼의 금리가 하락한 효과, 그로 인해 가격이 상승하는 효과를 롤 다운(Roll Down) 효과라고 부른다.

채권의 이자와 함께 롤 다운(Roll Down) 효과는 채권의 보유 이익을 구성하며, 앞서 언급한 채권의 볼록성(즉, 금리가 하락할 때 가격 변동 폭이 증가하면서 채권의 가격이 상승하고, 금리가 상승할 때는 가격 변동 폭이 감소하면서 채권의 가격이 하락하는)과 함께 채권이라는 금융자산이 보유하는 것이 더 유리한 자산인 이유가 된다. (물론 급격한 금리 상승이 예상되는 시기에는 예외이다. 하지만, 채권의 보유 이익이 상당하기 때문에, 소폭의 금리 상승인 경우에는, 채권을 보유하는 것이 오히려 더 유리한 경우도 있을 것이다.)

 # 채권쟁이의 필수 시스템, 블룸버그

외화 채권 업무를 하는 사람들에게 가장 필요한 시스템을 단 하나만 들어 보라고 하면 무엇이라고 대답할까? 필자는, 당연하게도 블룸버그(Bloomberg) 터미널이라고 대답할 것이다. 이메일, 거래를 등록하는 Booking System, 좀 더 정확한 실시간의 가격을 보기 위한 브로커 스크린(Broker Screen), 사내의 리서치 및 각종 기능을 사용할 수 있는 인트라넷 등 모두가 업무를 하는 데 필요한 시스템들이지만, 그 무엇도 블룸버그보다 중요해 보이지는 않는다.

블룸버그는 2011년까지 뉴욕 시장이었기에 더 유명해진, 마이클 블룸버그(Michael Bloomberg)에 의해 설립되었다. 1981년에 채권의 강자로 유명하였던 살로몬 브라더스(Salomon Brothers)가 인수되면서, General Partner였던 마이클 블룸버그는 US$10 million을 퇴직금으로 받게 되는데, 이 금액과, 그가 기존에 디자인하고 있던 살로몬의 금융 전산 시스템을 기반으로 Innovative Market Systems (IMS)라는 기업을 설립하게 된다. IMS는 실시간 시장 정보와, 각종 금융 계산 기능, 그리고 기타 금융 분석 기능 등을 제공하는 시스템으로 월 스트릿의 기업들에게 서비스를 제공하게 된다. 1983년에 메리 린치(Merrill Lynch)가 US$30 million을 투자하면서 기업은 더욱 성장하게 되었다. 1986년에 Bloomberg L.P.로 이름을 변경하였고, 지속적인 개발 및 확장으로 TradeBook(거래시스템), Messaging Service(메시지 기능), Newswire(뉴스 정보)를 추가하였다. 현재는 수많은 기능과 함께 금융 시장에서 없어서는 안 되는 시스템이 되어 버렸으며, 특히 복잡한 계산이 필요한 채권 시장에서는 필수인 기능들을 보유하여, 채권 시장에서는 거의 독점적인 위치로 성장하였고, 심지어는 미디어까지 보유한 거대 기업이 되었다. 그 창업자이자 경영자인 마이클 블룸버그가 2016년 8월 기준으로 총 재산이 US$ 49.4 billion(원화로 50조 원 이상)으로, 미국 내 6번째 거부이자 세계에서 8번째 부자라고 하니 엄청난 기업임에는 틀림없을 것이다.

기업도 엄청난 기업이지만, 그 기능들은 채권 시장에서는 반드시 필요한 기능들이어서, 블룸버그(Bloomberg)가 안 되는 날(시스템 이상으로 잠시 작동을 안 하는 경우는 가끔 있긴 하지만, 굉장히 안정적이기에 작동을 안 하는 날은 없다. 새로 회사를 옮긴다던가, 다른 이유로 블룸버그에 대한 액세스가 없어서 사용 못하는 날인 경우이다.)에는 사무실에 앉아 있을 필요조차 없을 정도이니, 얼마나 필요한 시스템인지 짐작이 갈 것이다.

채권 관련하여 블룸버그(Bloomberg)를 사용하는 경우는 몇 가지 예만 들어 봐도 아래와 같다.

- 시장 금리를 모니터한다. 각 국의 국채 금리 및 주식 시장, 상품 시장 등 각종 시장 금리 및 가격들이 실시간으로 조회된다.
- 채권의 금리 및 가격을 계산한다. 매번 채권 거래를 할 때마다 엑셀 등으로 금리와 가격을 계산하는 것은 엄청난 시간이 소모될 것이다. 블룸버그는 이 모든 것을 간단하게 입력, 조회 가능하게 해 놨다.
- 금융 시장에 대한 뉴스를 모니터한다. 실시간으로 금융 시장에 관련된 뉴스들이 업데이트 되므로, 시장 상황을 모니터하는 데 효율적이다.

- 각종 경제 지표 발표를 모니터한다. 블룸버그 상에서 각종 경제 지표의 발표 시기, 시장 예측, 그리고 발표가 되고 나면 그 결과 등이 잘 정리되어 있다.
- 시장 정보를 공유한다. 메시징 기능과 IB Chat을 통해서 시장 정보를 투자자들과, 트레이더들을 비롯한 내부 임직원들과 신속하게 공유한다.
- 금융 시장의 추이를 분석한다. 그래프 기능으로 과거 가격 및 금리 추이를 분석, 각종 기술적 분석도 가능하다.
- 실제 거래가 진행된다. IB Chat을 통해서 메시징 기능으로 거래를 하는 경우도 많고, 블룸버그의 e-Trade 기능이나 TradeBook 등으로 실제 전산화된 거래가 진행된다.
- 거래 내역을 확인한다. 거래가 진행되고 난 후, 블룸버그 Ticketing 기능으로 상호 간에 거래 내역을 재확인한다.

실제 거래, 시장 금리 및 가격 확인, 거래 내역 상호 확인 정도 가능이면, 블룸버그가 행여라도 작동 안 하는 날에는 왜 일찍 퇴근하는 게 나을 지 알 수 있을 것이다. 블룸버그가 없이는 거래 자체가 힘들다.

이 밖에도 무수히 많은 기능들이 있다. 블룸버그를 사용하는 사용자들 자체가 또 일종의 커뮤니티(Community)이기에, 부가 서비스는 각종 호텔 조회 및 리뷰, 비행기 시간 조회, 음식점 리뷰 및 조회, 구인/구직 조회 등등까지도 가능하니, 얼마나 많은 기능이 있는지는 아마도 블룸버그 직원들도 다 알지 못할 것 같다.

블룸버그는 필자가 채권 업무를 시작한 2003년에 비해서도 엄청나게 확장을 지속해 왔었고, 앞으로도 계속 확장을 할 것으로 보여서, 조만간 일부 혹은 상당 부분의 투자 은행 업무까지도 가능할 것으로 보인다. 실례로 블룸버그는 영국 바클레이즈 은행으로부터 Barclays Aggregated Fixed Income Index(대부분 전 세계의 유수 채권 전문 투자 기관은 보유 채권 포트폴리오의 Benchmark로 사용하고 있음)를 인수하여 더 포괄적으로 채권 시장에 대한 영향력을 갖게 되었다.

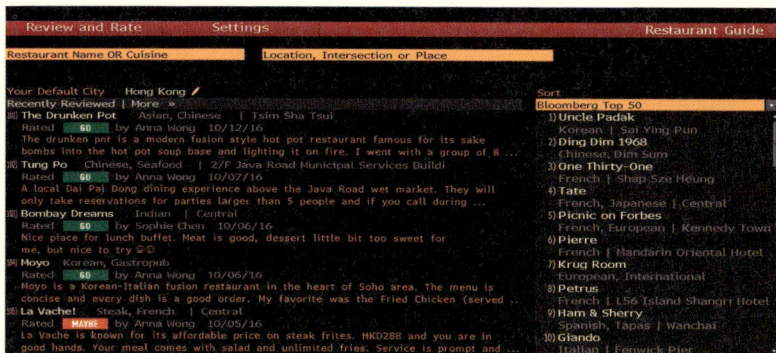

블룸버그 DINE 화면, 식당 평가 및 소개, 간략한 정보가 나와 있다.

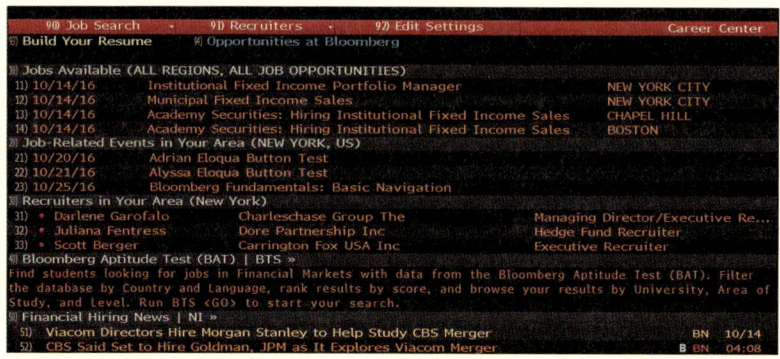

블룸버그 JOBS 화면, 구인을 원하는 기업들의 정보와 구인 관련 뉴스 등을 검색할 수 있다.

미국이 재무성이 발행하는 채권으로, 미국 재무부 채권이라고도 한다. 미국 국채의 금리는 모든 미 달러(USD) 채권의 기준이 되는 금리로 사용되고 있으며, 미 달러화(USD)로 발행된 채권 중 가장 안전한 자산으로 분류되어 '무위험 자산(Risk Free Asset)'이라고도 불린다.

03

미국 국채시장

그들만의 시장 외화채권입문

미국 국채(US Treasury)는?

미국이 재무성이 발행하는 채권으로, 미국 재무부 채권이라고도 한다. 미국 국채의 금리는 모든 미 달러(USD) 채권의 기준이 되는 금리로 사용되고 있으며, 미 달러화 (USD)로 발행된 채권 중 가장 안전한 자산으로 분류되어 '무위험 자산(Risk Free Asset)'이라고도 불린다.

흔히 세상에서 가장 안전한 자산이라고도 부르며, 따라서 국제 경제나 금융 시장에 이상 징후가 발견될 때마다 가격이 상승, 금리가 하락하는 안전 자산 선호 현상(Flight to Quality)의 대표적인 대상이기도 하다.

아래의 이미지는 Bloomberg의 PX1 화면으로 미국의 국채 시장을 모니터링하기 위한 가장 기본적인 화면이자 최근에 발행된 다양한 만기의 미 국채들의 금리현황을 보여 주고 있다. (2016년 10월 14일 기준)

블룸버그의 PX1 화면

이 화면에 대한 자세한 설명은 Bloomberg PX1 화면 편에서 하기로 한다.

또한, 다음의 이미지는 같은 날 미국 국채 금리의 커브를 보여 주고 있다. X축은 만기를, Y축은 금리를 나타내고 있으며, 각 만기에 해당하는 국채의 금리를 점으로, 그리고 그 점들을 곡선으로 연결한 이자율 곡선이다. 그림에서 보다시피 금리 커브가 우상향하는 모습을 보이며 이와 같은 우상향의 금리 커브가 일반적이다. 금리 커브에 대해서는 미국 국채 금리 커브의 형태 편에서 자세하게 알아볼 것이다.

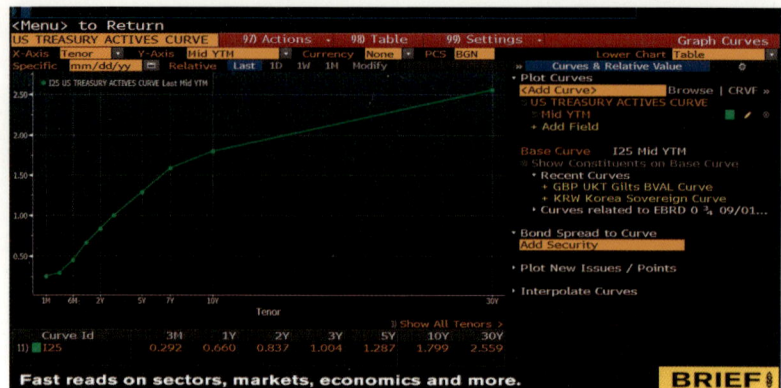

블룸버그의 IYC 화면

그들만의 시장 외화채권입문

미국 국채의 종류

미국 국채는 그 만기와 형태로 구분된다. 크게 Bill, Note, Bond와 TIPS(Treasury Inflation Protected Securities)로 분류되지만, 그 외에도 FRN(Floating Rate Note, 변동채), STRIPS 등이 있으며 각각 아래와 같은 특징이 있다.

Treasury Bill(T-Bill)

Treasury Bill은 단기 채무 증권으로 만기가 1년 이하로 발행이 된다. 또한 이표(Coupon)가 존재하지 않고, 할인 가격(Discount Price)에 발행되어 만기에 원금을 받게 되는 형태이다.

보통 4주 Bill은 매주 화요일에 입찰이 되고, 13주와 26주 Bill은 매주 월요일, 52주 Bill은 매 4주마다 화요일에 입찰이 행해진다. 이외에도, 미 재무성이 필요할 시에만 발행하는 Cash Management Bill도 있다.

Treasury Bill은 일반적으로 Discount Yield로 가격을 호가하며, 채

권의 Bloomberg Ticker는 B이다. ("B"+"Bill의 만기(ex. 11/10/16)"
+[Govt][GO]) 보통 T+1(거래일 익일) 기준으로 결제하고, 관행에서 벗
어난 결제일을 원할 시에는 거래 전에 언급을 해야 한다.

Treasury Note(T-Note)

Treasury Note는 가장 일반적인 형태의 재무성 채권으로, 발행 당시 만기가 1년에서 10년에 해당하는 국채이다. 반기에 한 번(1년에 두 번) 이자 지급을 하며, 만기에 원금을 받는 구조이다.

매월 2년, 3년, 5년, 7년 국채를 입찰하고, 10년 국채는 2월, 5월, 8월, 11월에 신규 발행, 1월, 3월, 4월, 6월, 7월, 9월, 10월, 12월에 Reopening형태로 기 발행된 10년 물을 추가 발행한다. 호가는 가격으로 되고, 호가 단위는 32진법을 사용한다. 보통 T+1(거래일 익일) 기준으로 결제하며, 관행에서 벗어난 결제일을 원할 시에는 거래 전에 언급을 해야 한다.

32진법 호가에 대해서는 참고: 미국 국채 시장의 32진법에서 설명하겠다.

Note와 Bond채권의 Bloomberg Ticker는 T이다. ("T"+"Coupon"+"Note 혹은 Bond의 만기"+[Govt][GO])

Treasury Bond(T-Bond)

Treasury Bond는 발행 당시 10년 이상의 국채를 의미한다. Treasury Note와 마찬가지로, 반기에 한 번(1년에 두 번) 이자 지급을 하고, 만기에 원금을 받는 구조이다.

매년 2월, 5월, 8월, 11월에 30년 Bond가 신규 발행, 1월, 3월, 4월, 6월, 7월, 9월, 10월, 12월에 직전에 발행된 Bond가 Reopening형태로 추가 발행된다. 마찬가지로 호가는 가격으로 하며, 호가 단위는 32진법을 사용한다. 보통 T+1(거래일 익일) 기준으로 결제되며, 마찬가지로 관행에서 벗어난 결제일을 원할 시에는 거래 전에 언급을 해야 한다.

Floating Rate Note(FRN, 변동채)

비교적 최근(2013년 7월 31일 발표)부터 발행되는 미국 국채의 형태로, 13주 Treasury Bill의 입찰 최고 금리(Bloomberg Ticker: USBMMY3M)에 연동하여 매 분기별로 금리를 지급하는 변동채이다. (이는 일반적인 변동채가 LIBOR를 그 변동금리 지표로 사용하는 사실과 구분된다.)

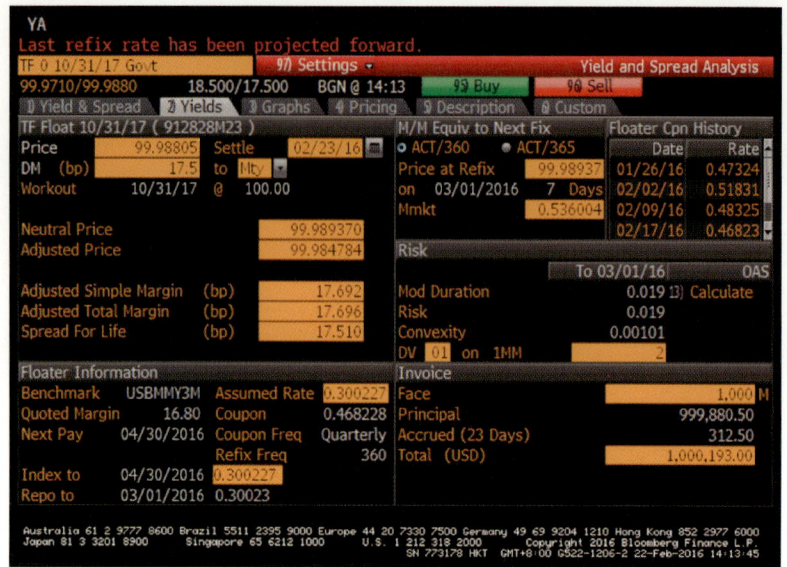

블룸버그 미국 국채 변동채의 YA화면

    2년 변동채가 매년 1월, 4월, 7월 및 10월에 신규 입찰되며, 2월, 3월 5월, 6월, 8월, 9월, 11월 그리고 12월에 Reopening 형태로 재발행된다. 호가는 Discount Margin으로 하고, Bloomberg의 YA(Yield and Spread Analysis) 기능을 사용하여 Discount Margin을 입력, 가격을 확인한 후 거래를 체결한다. 보통 T+1(거래일 익일) 기준으로 결제하며, 역시 관행에서 벗어난 결제일을 원할 시에는 거래 전에 언급을 해야 한다.

    Treasury Floater의 Bloomberg Ticker는 TF이다.("TF"+"만기"+[Govt][GO])

TIPS, Treasury Inflation-Protected Securities(물가 연동 국채)

블룸버그 TIPS DES 화면

미국의 물가 연동 국채(TIPS)는 1997년부터 발행되기 시작했으며, 미 노동 통계청에 의해 측정된 도시 지역 소비자 물가 지수(CPI-U, Consumer Price Index for All Urban Consumers)에 따라 원금이 증가 혹은 감소한다. 미국의 물가 연동 국채는 그 원금과 이자를 계산하는 방식으로 Canadian Model을 사용하고 있으며, 조정된 원금 금액에 대한 고정 금리를 반기에 한 번 지급한다.

매년 4월에 신규 5년 물이 발행, 8월 및 12월에 Reopening 형태로 재발행된다. 10년 물은 1월 및 7월에 발행되고, 3월, 5월 9월 그리고 11월에 재발행되며, 30년 물은 2월에 신규 발행, 5월 및 10월에 재발행된다.

모든 TIPS는 매월 15일부터 이자가 발생하며, 각 월의 마지막 영업일에 발행된다. 호가는 가격으로, 호가 단위는 32진법을 사용한다. 보통

T+1(거래일 익일) 기준으로 결제하며, 관행에서 벗어난 결제일을 원할 시에는 거래 전에 언급을 해야 한다.

TIPS는 물가 인상분을 원금의 증가 혹은 감소분으로 반영하기 때문에, TIPS의 시장 금리를 실질 금리라고도 부르며, 이는 일반적인 Bill, Note, Bond의 명목 금리와 비교되는 부분이다. 같은 만기의 TIPS와 Note 금리의 차이를 BEI(Break-Even Inflation)이라고 부르며, 인플레이션에 대한 기대가 클수록, BEI가 증가, 상대적으로 TIPS의 금리가 Note의 금리보다 하락, 혹은 Note의 금리가 TIPS의 금리보다 상승하게 된다.

TIPS의 Bloomberg Ticker는 TII이다.("TII"+"Coupon"+"만기"+[Govt][GO])

STRIPS

STRIPS는 Separate Trading of Registered Interest and Principal of Securities의 약자로, 기 등록된 증권의 이자 및 원금 부분의 분리 거래로 해석된다. 기존에 존재하는 Treasury Note나 Bond의 이자 부분 및 원금 부분을 분리하여 거래할 수 있게 해주는 개념으로, 만기에만 금액을 지급 받는 무이자 할인채(Zero-Coupon Securities) 형태이다. STRIPS는 발행되거나 투자자에게 직접 판매되지 않으며, 금융 기관이나 정부 증권 브로커 딜러에 의해서만 구입 및 보유될 수 있다.

STRIPS의 Bloomberg Ticker는 S이다.(즉, "S"+"만기"+[Govt][GO])

 **미국 국채 시장의 32진법**

미국의 주식 시장은 2001년 4월 9일 이전까지만 하더라도 모든 소수점 이하 가격을 분수(1/16)로 표기하였다고 한다. 이는 약 400여 년 전, 스페인의 트레이더들이 Doubloon이라 불리는 스페인의 금화로 거래할 당시, 금화의 1/2, 1/4, 1/8의 가치로 호가를 했었던 관습이라고 한다. 그들은 손가락을 이용하여 호가를 했었다고 하고, 엄지손가락은 4를, 나머지 손가락은 각 1을 의미했고, 손가락을 다 핀 것은 4+4로 8, 양손을 다 피면 16을 의미했었다고 한다.

미국의 국채 시장은 아직도 소수점 이하를 32진법으로 호가 및 표기한다. 예를 들어 98-08은 98 + 8/32, 즉 십진법으로는 98.25를 의미한다. 이를 틱(Tick)이라고 부르며, 1/2 틱은 + 틱으로, 그리고 그 이하 단위도 분수로 표기한다. 예를 들면,

100-03+는 100 + 3.5/32 = 100.109375
99-31 1/4는 99 + 31.25/32 = 99.9765625

처음에는 쓸데없이 복잡한 관습 때문에 시장 참여자들만 헷갈리는 것이 아닌가 생각했었지만, 이 32진법은 상당히 효율적인 방법인 듯하다. 아직도 전화나 스피커 박스를 이용하여 호가를 많이 하는 시장인지라, 신속하고도 정확하게 가격을 부를 수 있는 방법인 것이다. 보통 호가를 할 때는 앞의 큰 숫자는 무시하고 뒤의 숫자

만 부른다.

예를 들어, 100-03+는 영어로 three plus라고 호가한다. 반면 10진법을 사용하면 one zero nine three seven five (0.109375)라고 호가를 해야 하니 부르다가 시장 가격이 움직여서 다시 호가를 해야 할 판이다. 더 간단한 숫자도 마찬가지이다. 100-08의 경우 32진법에서는 eight이라고 호가하지만, 10진법으로는 two five (0.25)라고 호가해야 할 것이다. 99-31 1/4는 thirty one and quarter라고 부르지만, 10진법은 nine seven six five six two five (0.9765625), 역시 32진법이 부르기도 편하고 오해의 소지도 적다. 앞의 숫자까지 부른다면, ninety nine and thirty one and a quarter 같은 식으로 십진법의 dot 대신 and란 단어로 32진법을 표현한다.

유럽 및 영국, 호주 등 대부분의 기타 국가는 10진법으로 가격을 호가하거나 금리로 호가를 하지만, 미국 국채 시장 및 MBS 시장은 아직도 32진법을 사용하고 있고, 이는 상당히 효율적이고도 합리적인 관습인 듯싶다.

그들만의 시장 외화채권입문

Bloomberg PX1 화면

미국 국채 (US Treasury)는? 편에서 미리 언급하였듯이, 미 국채 시장을 모니터하는 데 가장 기초적인 화면은 Bloomberg의 PX1 화면이다. TradeWeb 등의 기타 브로커 화면들에서도 비슷한 구조와 형태로 국채 시장을 모니터하기에, PX1 화면에 대한 이해는 전반적인 미국 국채 시장의 현황을 파악하기에 도움이 된다. 필자의 경우 2003년 11월, 미국 국채 거래를 시작하면서부터 언제나 PC 모니터의 한쪽 편에는 PX1 화면이 떠 있었다. 이는 시대가 지남에 따라 비록 Bloomberg Launchpad 기능으로 인해 좀 더 작은 부분을 차지하고 있기는 하지만, 여전히 아침에 출근하여 퇴근 시까지 항상 화면에 올려놓고 상시 주목하는 화면이다.

블룸버그 PX1 화면

위의 2016년 10월 14일, 기준의 스크린 샷인 PX1 화면을 이용하여, 각 항목에 대해 알아보자.

우선 상단을 보면, United States, 즉 미국의 국채 금리라는 것을 알 수 있고, 맨 윗단의 Tap에 4)Actives로 설정이 되어 있는 것을 볼 수 있다. 대부분이 다른 설정 없이 Bloomberg에서 PX1 [GO]를 하면 기본적으로 위의 화면이 나올 것이다. 4)Actives라는 의미는 화면 안의 국채들이 최근에 발행되어 가장 활발하게 거래되고, 유동성이 뛰어난 국채들의 모음이라는 것을 뜻한다. 이러한 채권들을 시장에서는 On-the-Run 채권이라고 부르고, 발행된 지 오래되어 상대적으로 유동성이 떨어지는 채권들은 Off-the-Run 채권이라고 한다.

```
◀ 4) Actives    5) Bills      6) Notes     7) TIPS      8)
Bills
31) 11/10/16    0.245/0.240   0.244        --
32) 01/12/17    0.290/0.285   0.289        +0.005
33) 04/13/17    0.440/0.435   0.442        +0.005
34) 10/12/17    0.650/0.645   0.657        +0.005
```

화면상의 좌측 상단에 보이는 Bills부분이다. 보이는 바와 같이 가장 최근에 발행된 4주, 13주, 26주, 그리고 52주 Bill들의 만기가 표기되어 있다. 즉 32)항목의 Bill은 만기가 2017년 1월 12일인 Bill이며, 본 PX1 화면이 캡쳐 되던 당시의 가장 최근 발행된 13주 Bill이었었다. 그 옆의 0.290/0.285는 호가이다. 미국 국채의 종류에서 언급되었듯이, Discount Yield로 호가되고 있으며, Bid(매수호가)가 0.290%, Offer(매도호가)가 0.285%에 형성되어 있었음을 볼 수 있다. 그 옆의 0.289%는 금리를 표현하고 있으며, 그 옆의 +0.005는 당일 0.005%만큼 금리가 상승하였음을 보여 준다.)

```
Notes
35) 0³⁄₄   718          99-26¹⁄₄ /26³⁄₄   0.843   -0.004
36) 0³⁄₄   818          99-25⁷⁄₈ /26¹⁄₈   0.849   -0.002
37) 0³⁄₄   918   2YR    99-26+   /26³⁄₄   0.835   --
38) 0³⁄₄   819          99-10    /10¹⁄₄   0.994   +0.009
39) 0⁷⁄₈   919          99-20    /20¹⁄₄   1.003   +0.009
40) 1      019   3YR    99-31+   /31³⁄₄   1.003   +0.008
41) 1¹⁄₈   721          99-06    /06+     1.297   +0.017
42) 1¹⁄₈   821          99-06+   /07      1.291   +0.020
43) 1¹⁄₈   921   5YR    99-07    /07¹⁄₄   1.287   +0.028
44) 1³⁄₈   823          98-21    /21+     1.580   +0.041
45) 1³⁄₈   923   7YR    98-18+   /19      1.589   +0.041
46) 1⁵⁄₈   226          98-20    /20+     1.784   +0.053
47) 1⁵⁄₈   526          98-16    /16+     1.794   +0.056
48) 1¹⁄₂   826   10YR   97-10    /10+     1.798   +0.057
```

그 아래의 Notes 부분이다. 37), 40), 43), 45), 48)의 경우에는 본 PX1 화면이 캡쳐되던 시점, 가장 최근에 발행된, 2년, 3년, 5년, 7년, 10년 국채이다. 40)을 예로 들면, 쿠폰 (이표)가 1.00%이고, 만기가 2019년 10월인 가장 최근 발행된 3년 만기 국채이다. 보시다시피 만기 옆에 3YR라고, 친절하게 표기되어 있다. 이 채권은 시장에서 Current 3 Year, 혹은 CT3라고도 표현하며, 그 위의 39)는 그 직전에 3년 만기로 발행되었던 T 0.875% 09/19(2019년 9월을 만기로 하는 쿠폰이 0.875%인 미국 국채)로써 OLD 3 Year라고도 부른다. 그 옆의 99-31+ / 99-31.75는 32진법을 사용한 본 CT3의 매수호가 및 매도호가이며, 그 옆의 1.003%는 현재 가격으로 산출된 채권의 금리, 그리고 +0.008는 당일 금리 변동분을 표현한 것이다.

우측 상단의 Bonds부분은 Notes부분과 크게 다를 것은 없다. 51)의 경우 CT30, 혹은 Current 30 year라고 부르며, 50)은 OLD30, 49)는 OLD OLD 30이라고도 부른다.

```
Bonds
49) 2½    246              98-23  /24       2.561  +0.081
50) 2½    546              98-25  /26       2.557  +0.082
51) 2¼    846   30YR       93-18+ /19       2.558  +0.081
TIPS
52) 0⅛    421             101-27  /101-29  -0.296  -0.009
53) 0⅛    726              99-30¼ /100-03   0.115  +0.016
54) 1     246             106-23+ /107-00   0.734  +0.037
```

Bonds부분의 아래는 TIPS(Treasury Inflation-Protected Securities, 물가 연동 국채)부분이다. 마찬가지로 가격으로 호가가 되

며, 32진법을 사용한다. 가격 우측의 금리는 실질 금리를 표기하고 있으며, 도시 소비자 물가 지수(CPI-U, Consumer Price Index-urban consumers)를 반영한 원금에 쿠폰(이표)을 곱한 금액을 매 기간마다 이자로 지급받는다.

다음 페이지에 보이는 Curve Trades부분은 미국 국채 금리 커브를 파악하는 대표적인 3가지 수준을 파악할 수 있다. 55)의 2yr vs 5yr는 국채 2년 금리와 5년 금리의 차이를 보여 주고 있다. 미 국채 2년을 매입, 5년을 매도하는 경우에는 그 금리 차이가 오른쪽의 -45.183bp 혹은 -0.45183%로 거래되고 있음을 보여 주며, 반대로 2년 물을 매도 / 5년 물을 매수하는 경우에는 44.615bp, 혹은 0.44615%에 거래되고 있음을 보여 준다. 56)은 2년 물과 10년 물, 57)은 5년 물과 10년 물의 커브 거래를 보여 주고 있고, 이 55), 56), 57)의 호가로 대략적인 미 국채 금리 커브의 기울기를 파악할 수 있다.

```
Curve Trades
55) 2yr vs 5yr              44.615 / -45.183      +2.609
56) 2yr vs 10yr             95.883 / -96.465      +5.624
57) 5yr vs 10yr             51.105 / -51.446      +3.015
Other Markets
58) US Long(CBT)    10/14 d      163-07           -1-24
59) 10yr Fut (CBT)  10/14 d      129-27+          -0-10+
60) 5Yr Fut(CBT)    10/14 d      120-26+          -0-03+
61) Dow Jones Ind   10/14       18138.381        +39.441
62) S&P 500 Ind     10/14 d      2132.980         +0.430
63) NYM WTI Crd     10/14 d        50.350         -0.090
64) Gold            10/14        1251.425         -6.705
```

마지막 부분은, Other Markets이다. 미국 국채 시장과 관련이 있는 타 시장에 대한 정보를 파악할 수 있다. 58) US Long(CBT)는 30년 미국 국채 선물의 가격, 59) 10yr Fut(CBT)는 10년 미국 국채 선물의 가격, 60) 5Yr Fut(CBT)는 5년 미국 국채 선물의 가격 움직임을 보여준다. 61) Dow Jones Ind는 다우 존스 산업 평균 지수, 62) S&P 500 Ind는 S&P 500지수로 주식 시장의 움직임을 파악할 수 있다.

그들만의 시장 외화채권입문

미국 국채
금리 커브의 형태

미국 국채 금리 커브에 대해서 알아보자. Bloomberg PX1 화면 편에서 잠시 Curve Trades부분이 언급된 바 있다.

금리 커브의 형태를 설명할 수 있는 이론은 여러 가지가 있겠지만, 크게 다음과 같이 4가지 이론을 들 수 있다.

1. 기대 가설(Expectations Hypothesis): 금리 커브는 모든 시장 참여자들의 미래의 금리 수준에 대한 기대를 반영한다.
2. 유동성 선호(Liquidity Preference): 금리 커브의 장기 쪽으로 갈수록, 유동성이 제약되는 기간이 길어지므로, 높은 투자 수익을 요구한다.
3. 선호 서식지 이론(Preferred Habitat Theory): 시장 참여자들은 특정 만기의 채권들을 선호하며, 그 만기 구간을 벗어나기 위해서는 상당한 수준의 금리 프리미엄을 요구한다.
4. 시장 세분화 (Market Segmentation): 많은 투자자들은 투자할 수

있는 만기에 대한 제약이 있다.

우선 기대 가설부터 설명하고, 유동성 선호를 비롯한 나머지 이론은 커브를 직접 보면서 이해하자.

예를 들어, 1년 금리가 현재 1.0%이고, 1년 후의 1년 금리에 대한 시장의 예상이 2.0%라고 한다면, 2년 금리는 아래와 같이 계산될 수 있을 것이다.

(1 + [1년 금리] × (1 + [1년 후의 1년 금리]) = (1 + [2년 금리])^2

이는 다시 말해서,

(1 + 0.01 × (1 + 0.02) = (1 + [2년 금리])^2
2년 금리 = 1.498768…%

즉, 시장 참여자들이 1년 후의 1년 금리가 현재의 1년 금리보다 더 높은 2.0% 수준에서 형성될 것이라고 예상해서, 2년 금리가 1.498% 정도에 시장이 형성되어 있다고 설명하는 이론이다.

역으로, 현재 시점의 시장에서 거래되는 각 만기의 국채 금리로 현재의 국채 금리 커브를 도출할 수 있으니, 반대로, 1년 국채 금리와 2년 국채 금리를 이용하여 1년 후의 1년 금리(1Y1Y Forward라고 표현한다.)를 역산할 수 있다는 것이다.

하지만, 기대 가설만 가지고는, 충분히 설명하기 곤란한 현상들이 있다. 예를 들면;

경기는 순환하고 있기 때문에, 단기 금리 수준은 등락을 거듭할 것임에도 불구하고, 일반적인 금리 커브는 우상향하는 형태를 띤다.

장기 금리 위주로 투자하는 투자자들이 대체로 초과 이익을 획득해 왔다.

자금을 차입하려는 기업들은 단기 자금 조달 위험을 줄이기 위해 더 높은 금리를 지불하고라도 장기 자금 조달을 하려 한다.

위의 기대 이론은 아주 단기 금리 구간의 경우에는 어느 정도 설명력이 있다고 할 수 있지만, 5년 이상, 10년, 30년 동안의 단기 금리에 대한 예상을 시장 참여자들이 효과적이고 합리적으로 할 수 있다고 보기에는 무리가 있어 보인다.

블룸버그의 IYC 커브 비교 화면

우선 Bloomberg 화면 캡쳐를 보자.

본 화면의 두 개 커브 모두 미국 국채 중 Active한 국채들의 금리를 이용하여 국채 금리 커브를 그린 것이다. 위의 황토색 커브는 2005년 3월 16일의 금리 커브를, 연두색의 커브는 2016년 3월 21일의 금리 커브를 보여 주고 있다. 여러 번 언급하였지만, 두 개의 커브 모두 일반적인 우상향의 형태를 띠고 있으며, 이는 기대 이론만을 가지고 설명하려면, 항상 장기에는 단기 금리가 상승할 것이라고 시장이 잘못된 예상을 하고 있다고 밖에 설명할 수 없을 것이다. 그리고 사실 약 11년이 지난 지금은, 단기 금리가 2005년의 예상과는 터무니없이 낮은 상태인 것을 볼 수 있을 것이다. (이론대로라면, 2005년의 11년 후의 1년 금리에 대한 예상은 얼추 보기에도 4.5% 수준은 예상하고 있었던 것으로 보이는 반면, 현재의 1년 금리는 0.6% 수준에 지나지 않는다.)

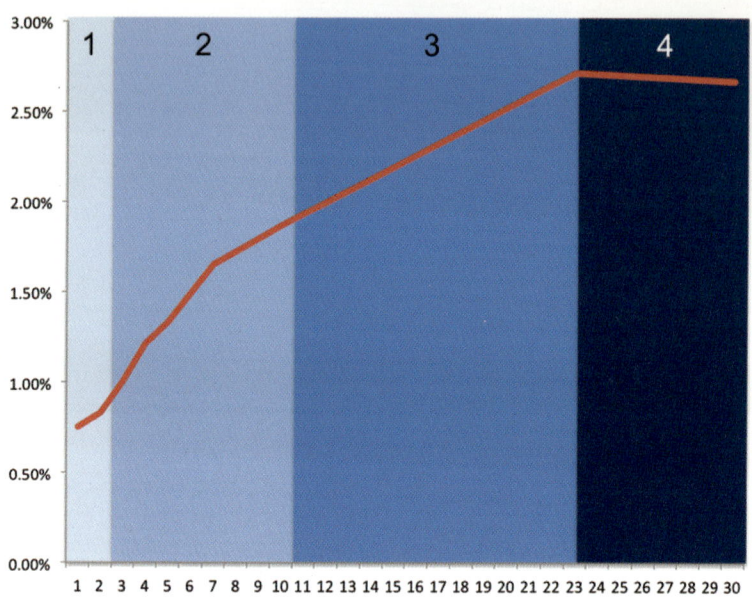

위의 금리 커브는 시장에 거래되는 국채 금리를 이용하여 약간은 과장되게 표현한 국채 금리 커브이다. 기대 가설(Expectations Hypothesis)을 제외한, 유동성 선호 (Liquidity Preference), 선호 서식지 이론 (Preferred Habitat Theory) 및 시장 세분화(Market Segmentation)를 설명하기 위하여 1, 2, 3, 4의 네 부분으로 구분하였다.

- 1번 영역: 시장 세분화가 적용되는 부분이다. 단기 자금을 운영하는 머니 마켓 펀드 (MMF, Money Market Fund)는 0-2년의 단기물에 그 수요가 집중되는 경향이 있기에 이 부분이 일반적으로 커브 상의 다른 부분보다 금리가 낮은 경향이 보인다.

- 2번 영역: 유동성 선호와 기대 가설이 같이 보이는 구간이다. 2-10년의 구간은 상당히 그 기울기가 가파른 편이고, 시간이 지남에 따라 금리가 상승할 것이라는 시장의 기대와 유동성 프리미엄을 반영하고 있다. 또한, 다양한 투자자들이 이 구간의 주요 참여자들로 작용하지만, 미국 국채 시장의 큰 손을 차지하고 있는 각국 중앙은행들의 수요가 집중되어 있는 구간이기도 하다. 일반적으로 중앙은행들은 외환 보유고의 듀레이션을 5년 이하로 짧게 가져가는 경우가 대부분이기에, 수요가 5년 이하에 집중되고, 10년으로 갈수록 수요가 떨어지는 부분도 이 구간에서의 가파른 커브 형태를 보이는 일부 원인이 될 수 있다.

- 3번 영역: 유동성 선호. 앞서 언급되었듯이 시장 참여자들은 5년 이상의 금리에 대한 합리적인 예측이 힘들다. 10년 이후 커브가 상승하는 부분은 금리에 대한 예측보다는 유동성에 대한 보상으로 더 높은 수익률을 요구하는 경향이 보인다.

- 4번 영역: 시장 세분화 및 선호 서식지 이론. 생명 보험사들과 연금 보험이 선호하는 구간이다. 연금 보험 상품의 성격상, 장기의 절대 수익률 목표를 위해서 수요가 집중되는 부분이다. 따라서 20-25년 구간보다 금리가 오히려 낮아지는 경향을 보인다.

다시 말하자면, 미국 국채 금리 커브의 형태에서 보이는 우상향의 금리 곡선은, 단순하게 시장 금리에 대한 시장 참여자들의 예상치가 반영되었다기보다는 더 복합적인 원인들에 의해서 설명된다. 따라서, 위에서 계산한 것과 같이 1년 금리와 2년 금리를 가지고 1년 후의 1년 금리를 산출한 것이, 단순히 시장에서 예상 혹은 기대하는 1년 후의 1년 금리라고 판단하는 것은 적합하지 않다. 그리고 단기보다는 장기 쪽으로 갈수록, 시장에서 합리적으로 예상 혹은 기대한다고 보기가 더 어렵고, 예상이나 기대 외에 다른 요인들의 영향을 더 많이 받을 것이다.

그들만의 시장 외화채권입문

미국 국채 금리 커브의 움직임

미국 국채 금리 커브의 형태에서 일반적인 금리 커브의 형태에 대해서 알아보았으니, 이제 금리 커브가 어떻게 움직이는지에 대해서 알아보자. 금리 커브는 크게 다음과 같이 움직일 수 있다.

   i. 커브 전체가 상승하거나 하강한다.(Bear vs. Bull)
   ii. 커브의 기울기가 더 가파르게(Steepening) 되거나 더 평탄하게(Flattening) 된다.
   iii. 커브의 곡률(Curvature)이 증가하거나 감소한다.

물론, 보통의 경우에는 1, 2, 3이 복합적으로 작용하게 되지만, 이해를 위해서 하나씩 구분해서 알아보자.

i. 커브 전체가 상승하거나 하강한다.(Bear vs. Bull)

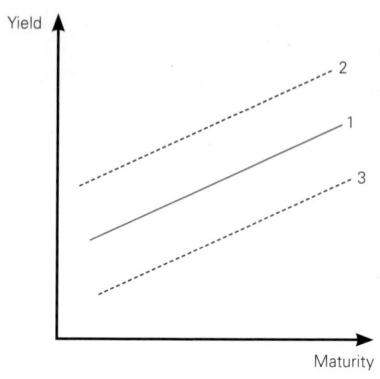

위의 가상의 금리 커브 그림을 보자. 현재 상태로 가정한 1번의 커브에서 커브 전반적으로 금리가 상승하여 1번이 평행(Parallel)하게 상승하면, 2번의 커브가 될 것이다. 금융 시장에서는 가격이 떨어지는 것을 Bear한 움직임이라고 하므로, 전반적으로 금리가 상승(가격이 하락)하는 것을 Bear한 움직임이라고도 부를 수 있다. 반대로, 1번의 커브가 각 만기의 국채들이 금리 하락(가격 상승)하게 되며 전반적으로 하락하였다면, 3번의 커브 쪽으로 움직일 것이다.

ii. 커브의 기울기가 더 가파르게(Steepening) 되거나
   더 평탄하게(Flattening) 된다.

다시, 아래의 커브를 살펴보자.

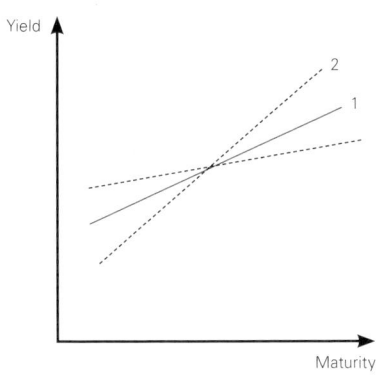

1번의 커브 상태에서, 단기 금리는 하락하는 반면 장기 금리는 상승하게 된다면, 2번의 커브가 될 것이다. 즉, 커브의 기울기가 상승하게 되며, 이를 Steepening이라고 부른다. 물론, 단기 금리 하락 / 장기 금리 상승이 아닌, 단기 금리의 소폭 상승 / 장기 금리의 대폭 상승인 경우에도 커브의 기울기는 상승하므로 이 또한 Steepening이라고 할 수 있다. 반면, 3번의 커브는 1번 커브에 비해서 단기 금리는 상승 / 장기 금리는 하락하는 2번과 반대의 움직임을 보이고 있다. 다시 말해서, 커브의 기울기가 감소하는 양상을 띠는데, 이는 Flattening이라고 부른다. 마찬가지로, 전반적으로 금리가 하락하였지만 단기 금리의 하락폭이 장기 금리의 하락 폭보다 적을 경우에도 커브 Flattening이 일어난다.

iii. 커브의 곡률(Curvature)이 증가하거나 감소한다.

아래의 그림을 보자. 1번 커브 상태에서 2번 커브나 3번 커브로 움직인다면, 사실 커브가 평행 이동을 한 것도, 기울기가 변했다고 보기도 힘들 것이다. 즉, 커브의 곡률이 변화함으로써 그 형태가 변하는 것을 보여주고 있다.

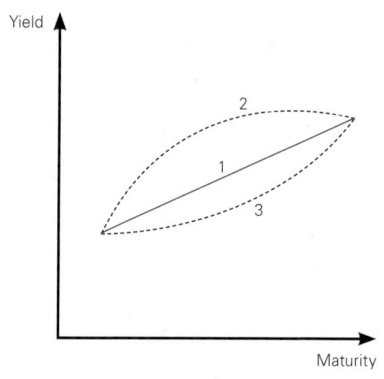

위의 3가지 움직임, i. 평행이동, ii. 기울기의 변화, iii. 곡률의 변화가 전체 커브 움직임의 약 95% 이상을 설명할 수 있다. 하지만, 앞에서도 잠시 언급되었듯이, 보통 커브의 움직임은 이 세 가지 움직임을 복합적으로 반영하게 된다. 정상적인 시장이나 정상적인 경제 상황이라는 정의를 하긴 어렵겠지만, 미국에서 시작한 서브프라임 위기 이후, 미국 연방 공개 시장 위원회(FOMC, Federal Open Market Committee)가 0%에 가까운 금리를 유지하고 있는 지금은 정상적인 시장이라고 보기 힘들 것이다. 따라서, 서브프라임 위기 이후 연방 공개 시장 위원회가 초저금리를 유지하기 시작하는 2009년을 기준으로 금리 커브는 다른 양상을 띠면서 움직였다.

우선 일반적인 혹은 정상적인 상황이라고 할 수 있는 2009년까지의 금리 커브가 보통 어떤 식으로 움직이는지를 살펴보자. 미국 국채 금리 커브의 형태에서 언급되었듯이, 금리 커브는 시장 참여자의 금리에 대한 기대와 다양한 요소들이 복합적으로 반영되어 형태를 갖추게 된다.

시장 참여자들은, 현재의 연방 기금 금리(Fed Funds Rate)를 이용, 연방 공개 시장 위원회나 연방 준비 은행(FRB, Federal Reserve Bank)의 각종 발언 및 보고서 등을 이용하여 향후 수년간의 연방 기금 금리를 크지 않은 범위 내에서 대략적으로나마 예측 가능할 것이다. 반면에, 지금의 경제 상황이나 연방 준비 은행의 발언 등을 가지고는 5년 후, 10년 후, 혹은 30년 후에 연방 기금 금리나 단기 금리가 어느 수준에 있을 것인지 예측하는 것은 거의 불가능하다. 따라서 일반적인 커브의 움직임은 아래의 그림과 같다.

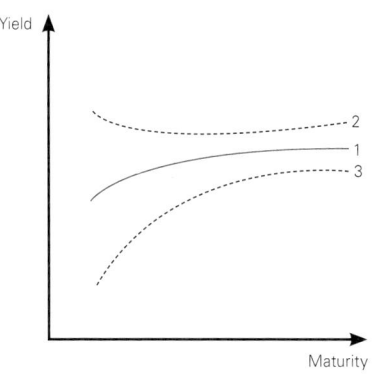

1번의 경우, 보통의 상황에서의 금리 커브 형태라고 생각해 보자. 경기가 과열되면, 인플레이션에 대한 우려로 인해 FOMC에서는 정책 금리인 연방 기금 금리를 빠른 속도로 인상하여 시장에 풀려 있는 자금을 회수할 것이다. 따라서 단기 금리가 급격히 상승하는 반면, 시장에서는 연방 기금 금리의 상승이 향후 미래의 인플레이션을 안정화시킬 것을 기대할 것이고, 또한 어느 정도 이상의 미래에 대해서는 합리적인 예측이 불가능하기에 장기 금리는 상승은 하지만 큰 폭으로 움직이지는 않는다. 그림에서는 1번 커브에서 2번 커브로 움직이게 되는데, 이는 i. 커브의 상승 평행 이동, ii. 기울기의 감소(혹은 Flattening), iii. 곡률의 감소가 복합적으로 일어난다. 이를 Bear Flattening 움직임이라고 부른다.

이와는 반대로, 경기가 침체되어 FOMC는 인플레이션에 대한 우려는 별로 없는 대신, 경제 성장을 위한 통화량의 공급이 필요하여 정책 금리인 연방 기금 금리를 인하하는 상황이라고 생각해 보자. 상대적으로 예측 가능한 단기 금리가 당분간 낮은 상태를 유지할 것으로 기대되기에, 금리 커브는 단기를 중심으로 하락하는, 2번의 경우와 반대되는 3번의 움직임이 나타날 것이다. 이를 시장에서는 Bull Steepening이라고 한다.

물론, 일 중, 주 중, 월 중에는 Bear Steepening이나 Bull Flattening의 움직임이 일어날 수도 있다. 하지만, 일반적인 상황에서는 정책 금리의 변화, 그로 인한 단기 금리의 변화는 예측 가능하고 가시적인 반면에, 장기 금리에 대한 예측의 어려움은 상대적으로 장기 금리의 움직임을 제약하는 경향이 있다. 따라서, 중기적인 커브 형태의 변화는 주로 1) 현 상태에서의 유지, 2) Bear Flattening 혹은 3) Bull Steepening이 일어나는 경우가 대부분이다.

2009년 이전에 일반적인 금리 커브의 움직임을 아래의 Bloomberg 그래프를 보면서 이해해 보자.

아래의 그림은 2000년 3월 23일부터 2006년 12월 31일까지의 2년 국채 금리와 10년 국채 금리의 차이(10년 국채 금리 – 2년 국채 금리)의 변화를 보여 주고 있다.

(금리 커브의 기울기는 다양한 방법으로 측정이 가능하지만, 2년과 10년 금리 차이, 2년과 30년 금리 차이, 5년과 30년 금리 차이 등으로 많이 표기한다.)

뒤에 보이는 Bloomberg 그래프는 동일 기간, 즉 2000년 3월 23일부터 2006년 12월 31일까지의 연방 기금 금리(Fed Fund Rate)를 보여주고 있다. 앞에서 언급했다시피, 단기 금리인 연방 기금 금리가 하락하는 동안, 2년 10년 금리 차이는 증가하는(Bull Steepening) 모습을 보여 주고 있으며, 반대로 연방 기금 금리가 오르기 시작하는 2004년 6월 전후하여 2년 10년 금리 차이가 감소하는(Bear Flattening) 일반적인 금리커브 움직임을 보여 주고 있다.

현재의 상황은 좀 이례적이다. 2009년 이후, FOMC는 초저금리 수준을 유지하여 왔고 대부분의 시장 참여자들이 수년 동안 그 초저금리 정책이 단기간에 변하지 못할 것을 알고 있었기 때문에 단기 금리는 변동성이 급격히 떨어진 상태로 거의 고정되어 있는 모습을 보였었다. 반면에, 국채시장의 갖가지 변화 요인에 따라 중장기 채권들의 금리는 변해 왔었다. 결국 단기 금리는 크게 움직이지 않는 상태에서, 중장기 금리가 경제 상황 등에 의해 움직여 다니기에 금리가 하락하면, Bull Flattening, 금리가 상승하면 Bear Steepening이 일어나는 경우가 대부분이었다.

 ## 연방 기금 금리(Federal Funds Rate)란?

채권 시장뿐 아니라, 국제 금융 시장을 모니터링하는 많은 사람들이 세계 금융 시장의 중심이라 할 수 있는 미국의 정책 금리 결정에 대해서 언제나 유심히 살펴보지만, 사실 연방 기금 금리(Federal Funds Rate)가 무엇에 적용되는 금리인지, 연방 공개 시장 위원회(FOMC, Federal Open Market Committee)가 결정하는 연방 기금 목표 금리(Federal Funds Target Rate)는 무엇인지에 대해서는 정확히 아는 사람이 많지 않을 수도 있다. 물론, 정책 금리라고만 이해해도 큰 아쉬움은 없을 듯싶지만, 한 번쯤은 정확한 내용을 파악하는 것도 좋을 듯하여 정리하였다.

연방 기금 금리(Federal Funds Rate)는?
예금 취급 금융 기관(은행 및 신용협동조합 등)이 연방 준비 은행(Federal Reserve Bank)에 예치되어 있는 지급 준비금을 상호 간에 1일 간(Overnight) 조달 및 대출할 때 적용되는 금리이다.

우리나라도 마찬가지지만, 미국 역시 지급 준비금 제도가 있어서 이에 따라, 은행을 비롯한 예금 취급 금융 기관들은 예금 등의 채무에 대해 일정 비율의 현금을 보유하면서 상환에 대비하는데, 이 중 법정 지급 준비금을 연방 준비 은행에 예치하여야 한다. 좀 더 구체적으로 보면, 연방 준비 은행은 총 거래 계정(Total Transaction Accounts)에서 여타 예금 취급 기관에서의 대출, 그리고 수취 중인 현금 항목들을 제외한 순 거래 계정(Net Transaction Accounts) 중 $15.2MM이 초과하는 금액에 대해서는 3%의 법정 지급 준비금을, $110.2MM이 초과하는 금액에 대해서는 10%의 법정 지급 준비금을 요구하고 있다.(2016년 1월 21일 이후)

한편, 법정 지급 준비금의 여유분이 있는 금융 기관들은 초과되는 법정 지급 준비금을 필요로 하는 다른 금융 기관에게 연방 준비 은행 시스템 내에서 대여해 줄 수 있다. 이 때, 지급 준비금을 서로 거래하는 예금 취급 금융 기관들은, 매 7주 간격으로, 연 8회 개회되는 연방 공개 시장 위원회(FOMC, Federal Open Market Committee)에 의해 결정되는 연방 기금 목표 금리(Federal Funds Target Rate)를 기준으로 금리를 협의, 설정하게 되는데, 당일 실제 발생한 모든 대여 거래들의 가중 평균 이자율을 연방 기금 유효 금리(Federal Funds Effective Rate)라고 부른다. (연방 공개 시장 위원회는 정기적인 회의 이외에도 추가적인 회의를 가지기도 하고, 추가 회의에서 목표 금리를 수정할 수도 있다.)

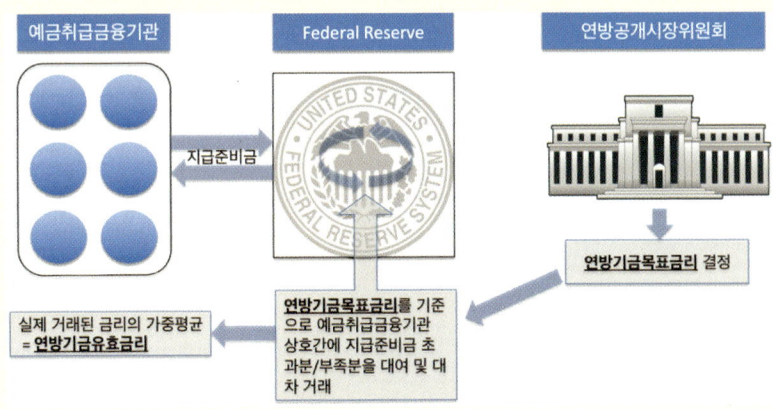

연방 기금 목표 금리(Federal Funds Target Rate)는 모든 달러화로 된 대출 및 조달 금리에 중요한 지표가 되는 기준 금리이자, 금융 당국이 정책적으로 통화량 공급을 조절하기 위해 사용하는 중요한 도구이다. 비록 하루밖에 안 되는 초단기 금리이긴 하지만, 연방 기금 금리에 대한 예상 및 기대는 단기, 중기 등의 금리 커브에도 영향을 미칠 뿐만 아니라, 고용, 성장, 물가 상승 등의 보다 전반적인 미국 경제에 큰 영향을 미친다.

매 기의 연방 공개 시장 위원회(FOMC, Federal Open Market Committee)에서, 의사 결정권이 있는 회원들(Voting Members)은 해당 시기의 경제 상황에 따라 금리를 인상하거나 인하, 혹은 동결시킬 수 있다. 이와 같은 의사 결정에 대한 시장의 기대는, 연방 기금 선물 계약(Fed Funds Futures Contracts)의 가격에 상당 부분 반영되기도 한다.

또한, 연방 준비 은행은 연방 기금 목표 금리 외에, Discount Window를 별도로 운영하면서 타 예금 취급 금융 기관으로부터 대여를 받지 못하는 기관에 직접 대여를 해 주기도 하는데, 이때 적용되는 금리인 Discount Rate는 일반적으로 연방 기금 목표 금리보다는 높은 수준이다. 연방 준비 은행은 연방 공개 시장 위원회의 의사 결정을 통해 연방 기금 목표 금리를 설정하지만, 예금 취급 금융 기관들에 의해 실제 거래에 의해 결정되는 연방 기금 유효 금리는 정확하게 설정하지 못한다. 반면, Discount Rate는 직접 대출이기에 스스로 결정할 수 있다.

연방 기금 금리는 연방 준비 은행의 공개 시장 조작(Open Market Operation) 시스템 내에서 계약되는 지급 준비금의 상호 거래이므로, 거래 상대방 위험을 반영하지 않는 금리이며 이는 은행 간의 거래 기준 금리인

LIBOR(London Interbank Offered Rate)와 구분된다.

2016년 11월 현재, 연방 기금 목표 금리는 0.25%-0.50% 범위에 있으며, 2008년 12월부터 2015년 12월까지는 그 최저점인 0-0.25% 범위, 인플레이션이 급격하던 1980년대 초에는 20%에 달한 적도 있었다.

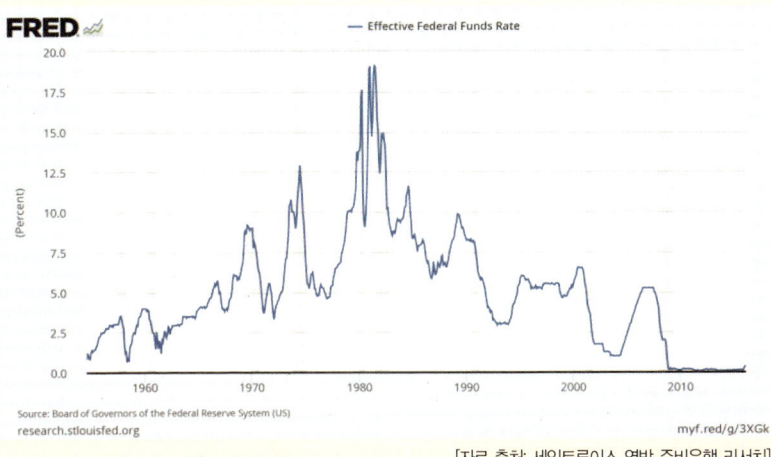

[자료 출처: 세인트루이스 연방 준비은행 리서치]

연방 기금 유효 금리 1954년 7월 – 2016년 2월

연방 준비 제도 (Federal Reserve System)와 연방 공개 시장 위원회 (FOMC)

연방 준비 제도(Federal Reserve System)의 목적

미국의 중앙은행 역할을 하는 연방 준비 제도(Federal Reserve System, Federal Reserve, 혹은 Fed)는 미국의 경제 목표 달성이라는 목적을 위해, 신용과 자금의 이용 및 비용에 대해 영향을 미치는 통화 정책을 수행한다. 1907년 극심한 경제 공황 이후, 1913년 12월 23일 제정된 연방 준비법(Federal Reserve Act)에 따라 연방 준비 제도에 통화 정책을 수행하는 책임을 부여하였다.

미국의 의회는 연방 준비법에서 통화 정책의 3가지 목표를, i. 고용의 극대화, ii. 물가의 안정, iii. 적정 장기 금리의 유지로 정하였으며, 시대가 지남에 따라 1930년의 대공황(Great Depression), 멀지 않게는 2007년의 서브프라임 위기(Subprime Crisis) 등을 겪으며 연방 준비 제도의 중앙은행으로써의 역할 및 책임은 점차 확대, 강화되었다. 2009년에 이르러서는, 은행에 대한 감독과 규제, 금융 시스템의 안정 유지, 예금 취급 금융 기관 / 미국 정부 / 해외 공적 기관들에 대한 금융 서비스 제공 등까지 확대되었다. 또한, Beige Book을 포함한 다양한 경제 연구를 수행, 발표하고 있고, 결제 시스템도 운영하는 등 금융 전반에 걸쳐 다양한 업무를 수행하고 있다.

연방 준비 제도(Federal Reserve System)의 구성

연방 준비 제도는 대통령에 의해 선임되는 **i. 연방 준비 제도 위원회(Board of Governors of the Federal Reserve System)**, 대통령에 의해 일부 선임되는 **ii. 연방 공개 시장 위원회(Federal Open Market Committee, FOMC)**, 12개의 지역 **iii. 연방 준비은행(Federal Reserve Banks)**, **iv. 민간 회원 은행들**, 그리고 다양한 **v. 자문 위원회들**로 구성되어 있다.

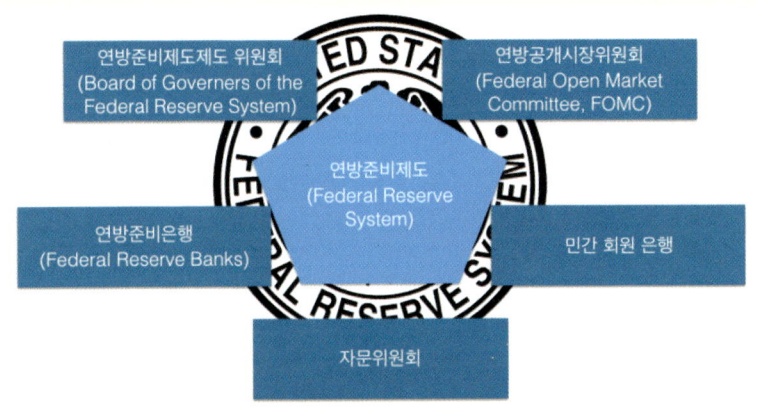

연방 준비 제도 구성도

연방 준비 제도는 통화 정책을 위해 크게 3가지의 도구를 사용하는데, **i. 공개 시장 조작(Open Market Operations)**, **ii. Discount Rate**, 그리고 **iii. 지급 준비율(Reserve Requirements)**을 활용한다. 이 중 ii. Discount Rate와 iii. 지급 준비율은 연방 준비 제도 위원회에 의해 운영되고, i. 공개 시장 조작은 연방 공개 시장 위원회(FOMC, Federal Open Market Committee)가 담당한다. 이 3가지 도구를 가지고, 연방 준비 제도는 예금 취급 금융 기관이 연방 준비 은행들에 예치하는 자금에 대한 수요와 공급을 조절하고, 제도 내에서 상호 간에 거래하는 기준 금리인 연방 기금 금리에 영향을 미친다. 특히, 연방 기금 금리의 변화는 여타 단기 금리에 영향을 미칠 뿐 아니라, 환율, 중/장기 금리, 자금 및 신용의 총액, 그리고 나아가 고용, 생산, 상품 및 서비스 가격 등의 다양한 경제 변수에 영향을 미치게 된다.

연방 공개 시장 위원회(Federal Open Market Committee)
연방 공개 시장 위원회는 총 12명의 위원으로 구성된다. 이 중 7명의 위원은 연방 준비 제도 위원회의 위원들이 차지하고, 1인은 뉴욕 연방 준비 은행(Federal Reserve Bank of New York)의 행장, 그리고 1년 임기로 순환하여 뉴욕 연방 준비 은행을 제외한 11개의 연방 준비 은행 행장들이 나머지 4석을 차지한다. 4개의 순환직은 보스톤, 필라델피아, 리치몬드 연방 준비 은행 행장 중에서 돌아가면서 1인, 클리블랜드와 시카고 연방 준비 은행 행장 중 1인, 아틀란타, 세인트루이스, 달라스 연방 준비 은행 행장 중 1인, 그리고 미니애폴리스, 캔자스 씨티, 샌프란시스코 연방 준비은행 행장 중 1인이 매년 돌아가면서 의석을 차지하게 된다.

이렇게 구성된 연방 공개 시장 위원회는, 7주 간격으로 연 8회 정기적으로 소집되어 경제 및 금융 상황에 대해서 리뷰하고, 그 상황에 맞는 적정한 통화 정책을 결정하며, 물가 안정과 지속 가능한 경제 성장이라는 장기적 목표에 대한 위험을 진단한다.

미국의 중앙은행 역할을 하고 있는 연방 준비 제도는 그 자체를 독립적인 중앙은행으로 간주하고 있기에, 통화 정책 결정들에 대해서 대통령이나 그 이외 연방 정부의 누구에 의해서도 승인받지 않는다. 의회로부터 자금을 공급받지 않으며, 연방 준비 제도 위원회 위원의 임기(14년)는 여러 대통령 및 의원 임기에 걸친다.

2016년 연방 공개 시장 위원회 위원 명단 (출처: 연방 준비 제도 홈페이지)

- Janet L. Yellen, Board of Governors, Chair
- William C. Dudley, NewYork, Vice Chairman
- Lael Brainard, Board of Governors
- James Bullard, St.Louis
- Stanley Fischer, Board of Governors
- Esther L. George, KansasCity
- Loretta J. Mester, Cleveland
- Jerome H. Powell, Board of Governors
- Eric Rosengren, Boston
- Daniel K. Tarullo, Board of Governors

대체 위원 명단

- Charles L. Evans, Chicago
- Patrick Harker, Philadelphia
- Robert S. Kaplan, Dallas
- Neel Kashkari, Minneapolis
- Michael Strine, First Vice President, NewYork

[자료 출처: Federal Reserve System의 홈페이지, www.federalreserve.gov]

입찰과 WI(When Issued Market), 결제

미국 국채의 입찰 및 결제에 대해서 알아보자.

미국 국채의 입찰

미 국채는 더치 입찰 방식(Dutch Auction)의 단일 가격 입찰(Uniform Price Auction) 형태로 진행된다. 즉, 매 입찰 시 가장 낮은 금리(가격으로 치면 가장 높은 가격이지만, 채권이므로 금리를 기입한다.)를 제출한 참여자의 물량부터 누적하여, 금리가 낮은 순으로, 입찰될 전체 물량을 소화하는 참여자에 이르렀을 때 그 참여자가 입찰에 참여한 금리가 곧 모든 참여자의 입찰 금리가 된다. 이 입찰 금리보다 낮은 수준에서 입찰에 참여한 모든 참여자가 동일한 입찰 금리에 신청 물량을 배정 받게 된다. 가격이 아닌 금리를 사용하는 이유는 입찰 당시까지 발행될 채권의 이표(Coupon)가 결정되지 않았기 때문이다.

입찰 방식을 이해하기 위해 아래 가상의 사례를 보자.

(#가상 사례는 이해를 돕기 위해 만들어졌을 뿐, USD 1BN 수준의 작은 규모로 입찰을 진행하는 경우는 없음.)

참여자	참여금리	참여물량	누적물량
A	1.45%	200MM	200MM
B	1.46%	50MM	250MM
C	1.474%	300MM	550MM
D	1.475%	250MM	800MM
E	1.4755%	120MM	920MM
F	1.476%	200MM	1,120MM
G	1.4765%	150MM	1,280MM

가상 사례: 미국 재무성이 USD 1BN(Billion)의 국채 입찰을 진행한다고 가정, USD 1BN의 물량이 참여 금리가 낮은 순으로 정렬하였을 때 참여자 F에서 전체 입찰 물량이 채워졌으므로, 참여자 A, B, C, D, E는 가장 높은 금리인 1.476%에 각자 신청한 물량 전량을 받아 가며, 참여자 F의 경우에만 80MM을 배정받으면서 1BN 발행물량이 전액 투자자에게 배정되게 된다.

WI Market(When Issued Market)

When Issued Market은 미 국채의 신규 입찰이 발표는 되었지만 아직 입찰이 되기 전까지의 기간 동안 거래가 진행되는 시장을 말한다. 즉, 발행 물량과 종목이 결정, 발표된 이후 실제 신규 발행이 되는 입찰 이전까지 미리 시장에서 거래되는 시장을 일컫는다.

아직 입찰이 완료되지 않았기 때문에 발행될 채권의 이표(Coupon)가 결정되지 않았고, 그러기에 When Issued Market에서는 가격이 아닌 금리로 호가를 하며, 결제일은 입찰될 채권의 최초 결제일을 그 기준으로 삼는다.

2016년 2월 22일 기준의 Bloomberg PX1화면에서도 When Issued Market이 형성되어 있는 것이 보이는데, 입찰 발표가 되어 있고 아직 입찰되지 않은 2년 물, 5년 물, 7년 물의 WI(When Issued) 시장이 금리로 호가되고 있음을 알 수 있다.

미 국채의 결제

결제는 주로 미 연방 준비 은행에서 운영하는 Fedwire Funds Service를 이용한다. 물론, Fedwire 결제 수단이 없는 경우에도 예금 취급 금융 기관들을 통해 결제가 가능한데, 투자자가 Fedwire 계좌를 직접 보유하지 않은 경우, Euroclear나 Clearstream 및 DTCC 등이 제공하는 Bridge 방식을 통해 Fedwire로 결제한다.

이와 같은 결제 방식은 CBES(Commercial Book-Entry System)이라고 불리는 매입, 보유 그리고 이전을 위한 다중 자동 시스템을 사용하게 되는데, 그 맨 윗단에는 연방 준비 은행이 운영하는 NBES(National Book-Entry System)이 위치하고 있고, 미 국채에 대한 재정 대리인의 역할을 한다. 연방 준비 은행은 예금 취급 금융 기관, 미 재무성, 해외 중앙은행들 및 정부 유관 기관들의 계좌를 유지 / 관리한다.

예금 취급 금융 기관들은 브로커, 딜러, 기관 투자자, 신탁 등의 고객을 위해 계좌를 관리하며, 브로커, 딜러, 금융 기관들은 개인 고객, 기업 및 기타 투자자들을 위해 계좌를 관리하게 된다.

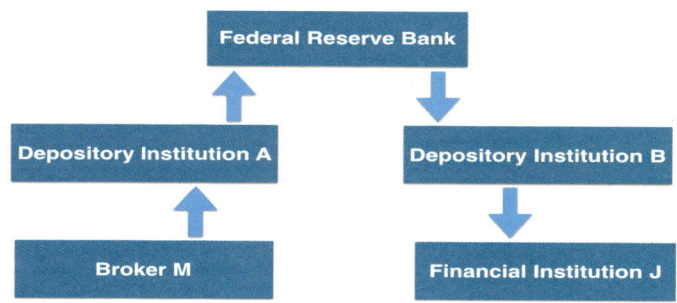

그들만의 시장 외화채권입문

레포(REPO) 시장

REPO는 Repurchase Agreement의 줄임말로써, 유가 증권을 매도한 후, 일정 기간 후에 재매수하기로 하는 계약이다.

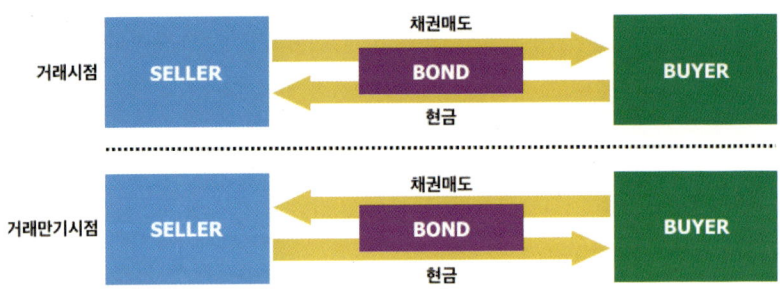

우선 위의 그림을 살펴보자.

거래 시점에 채권을 보유한 매도자(Seller)는 매수자(Buyer)에게 일정 기간 이후에 재매수하겠다는 약속을 하고 채권을 매도한다. 일정 기간(예를 들면, 하루, 일주일, 한 달 등)이 지난 후에, 즉, REPO 거래 만기 시점에 매도자(Seller)는 매수자(Buyer)로부터 채권을 재매입하게 된다. 그리고 최초 거래 시에, 매도자와 매수자는 채권의 물량과 거래 시 가격, 재매입 시 가격, 기간 등을 미리 설정하게 된다.

여기서 매도자는 REPO 거래를 하고 있다고 표현하며, 매수자는 역으로 Reverse REPO 거래를 한다고 표현한다.

기술적으로는, 채권이 거래가 되고, 다시 재거래되는 형태이기 때문에, 채권의 매수자는 미리 설정된 기간 동안 해당 채권을 자신의 목적에 따라 사용할 수 있으며, 그 목적은 공매도(Short-selling), 결제 실패 시의 결제 등 다양한 이유가 있을 수 있다. 하지만, 일반적인 REPO 거래 조건에서는 해당 채권의 경제적 효익은 채권 매도자에게 귀속되기 때문에, 보유한 채권에서 발생한 이자 금액을 매수자가 매도자에게 전달하여야 한다.

경제적으로는, 채권을 보유한 REPO 매도자는 해당 채권의 모든 경제적 효익(이자 금액, 가격 변동분, 위험 등)을 그대로 보유한 반면, 채권을 이용해서 자금을 조달하게 되므로, 채권 담보 대출과 같은 효과가 생긴다. 따라서, 이자율이 양(+)의 금리일 경우 대개 처음 채권을 파는 가격과 일정 기간 이후 채권을 재매입하는 가격은 차이가 생기며, 재매입하는 가격이 REPO 이자율 (다시 말해서 채권 담보 대출 이자율)을 반영하여 더 높은 가격에 재매입하게 된다. 특정 채권 현물에 대한 시장의 수요가 특별히 많다면, 음(−)의 금리가 적용되는 경우도 곧잘 있으며, 전반적인 단기 시장 금리가 음(−)의 금리일 경우에도 물론 재매입하는 가격이 더 낮을 수 있다.

주로 International Capital Market Association(ICMA)에서 권고하는 GMRA(Global Master Repurchase Agreement)계약에 기반하여 거래가 진행되며, 거래 상대방에 대한 위험이 존재한다. 따라서 REPO를 통해서 채권을 매도하여 재매입에 대한 약속을 한 매도자, 즉 채권 담보로 현금을 대출받은 것과 같은 효과를 누리는 매도자가, 해당 채권의 가격 하락으로 인한 추가 마진 콜(Margin Call)의 대상이 된다. 앞서 언급하였듯이, 경제적 효과는 채권을 담보로 대출을 받는 효과가 생기게 되므로, 담보 가치가 하락하는 부분에 대해서 추가 담보를 제공하는 개념이라고 생각하면 된다.

또한, 담보 가치에 대한 헤어컷(Haircut)이 적용되는 경우가 대부분인데, 여기서 헤어컷이라 함은, 담보의 가치 대비 차입하게 되는 금액과의 차이를 백분율로 나타내는 것이다. 예를 들어 담보의 가치가 $100인데, $95만큼만 가치를 쳐준다면, 헤어컷은 5%가 된다. 거래 상대방의 신용도, 담보 채권의 안정성, 시장 상황 등의 변수가 그 비율을 결정한다.

비슷한 개념으로 채권 대차(Securities Lending)가 있으며, 채권 대차는 기술적으로도 채권을 대여, 일정 수준의 수수료 수입을 받게 된다. 이는 자금의 조달보다는 보유한 채권 현물을 필요로 하는 사람에게 대여해 줌으로써 추가 수입을 얻는 개념이다. 채권 대차는 GMSLA(Global Master Securities Lending Agreement) 계약을 기반으로 거래한다.

채권 시장에서의 REPO는 채권 현물을 대여/대차할 수 있게 해 줌으로써, 주식에 비해서 상대적으로 그 현물을 구하기가 어려운 채권 시장에 유동성을 확보해 주는 중요한 기능을 수행하고 있다. 또한, REPO로 인해 레버리지(Leverage)가 가능하게 된다. 예를 들면, 채권 금리가 하락할 것이라고 예상하는 투자자는, 가지고 있는 현금을 이용해서 채권을 매입하고, 그 채권을 다시 REPO시장에서 REPO(매도/재매입) 거래함으로써 현금을 확보하고, 그 현금으로 다시 채권을 매수, 다시 REPO(매도/재매입)을 함으로써 보유한 현금보다 더 큰 채권 매수 포지션을 취할 수 있다. (물론, 헤어컷(Haircut)이 적용될 것이기 때문에 무한히 포지션을 증가시킬 수는 없다.) 반대로, 채권 금리가 상승할 것이라고 예상하는 투자자는, 가지고 있는 현금을 이용하여, Reverse REPO거래를 하고, 빌린 채권을 시장에서 매도, 그 현금으로 다시 Reverse REPO거래를 하는 식으로 매도 포지션을 레버리지(Leverage)할 수 있다.

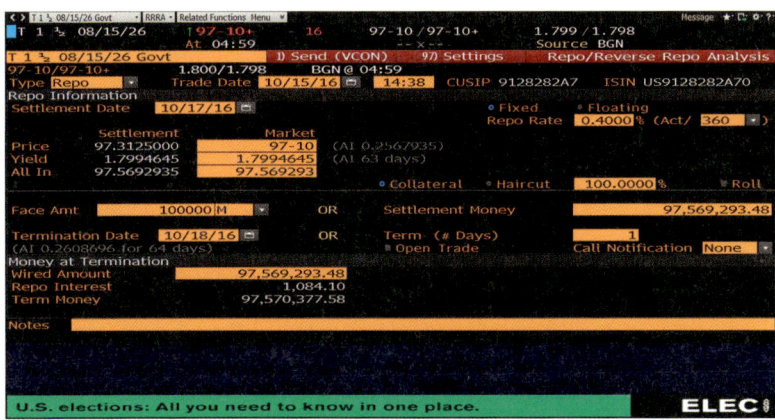

블룸버그의 RRRA 화면

숏 커버링(Short Covering)

레포(REPO) 시장에서 언급하였다시피, 금리가 올라갈 것을 예상하는 투자자는 Reverse REPO이나 Securities Borrowing을 통해 채권을 공매도 할 수 있다. 경기가 호황이라, 전반적인 금리가 상승할 것을 예상하거나, 연방 공개 시장 위원회(FOMC, Federal Open Market Committee)가 결정하는 연방 기금 목표 금리(Federal Funds Target Rate)를 인상시킬 것이 예상될 때, 현재 상황에 비해서 지나치게 금리가 낮은 수준일 때, 곧 발표될 영향력이 큰 경제 지표가 호경기에 대한 신호를 줄 것 같을 때 등, 금리가 올라갈 것이라고 판단되고, 그에 베팅(Betting)할만한 상황도 많을 수 있다.

하지만, 채권의 보유 이익(Carry & Roll Down)에서 설명했듯이, 채권이란 금융 자산은 기본적으로 보유하는 것이 유리한 자산이다. 적어도 보유하고 있다면, 롤 다운 (Roll Down)과 이자 수입을 누릴 수 있고, 또한 채권의 볼록성(Convexity)으로 인해 가격의 움직임이 보유한 사람에게 조금이나마 더 유리할 것이기 때문이다. 채권의 금리가, 예상한 시점에 예상한 대로 상승하였다면, 공매도(Short)를 취한 투자자는 만족할만한 성과를 얻을 수 있을 것이지만, 문제는 그렇지 않았을 경우이다. 기본적으로 채권을 공매도(Short)한 투자자는 자신이 채권을 보유함으로써 얻을 수 있는 여러 이익을 포기한 상태이기 때문에, 불안한 상태이다. 비교를 해 보자면, 채권을 보유한 투자자는 금리가 상승하여서 시가 평가(Mark to Market) 손실이 발생한다 하더라도, 채권이 부도가 나지 않는 한은 만기까지 고정된 수입을 얻을 수 있다. 또한, 시가 평가 손실이 생긴다 하더라도, 그 동안의 보유 이익보다 그 손실이 커야만 사실상 손해인 것이다. 반면에 채권을 공매도한 투자자는, 시장이 자신이 원하는 대로 금리가 상승하지 않는 경우, 심지어 하락하지 않은 경우에라도 지속적으로 보유 이익을 포기하고 있는 상황인 것이다. 즉, 채권 투자자로써 당연히 누리고 있어야 할 보유 이익을 포기하였기 때문에 금리가 때맞춰 오르지 않는다면 상대적으로 지속적인 손실을 실현하고 있는 것과 같은 상태이다.

이와 같은 이유로, 채권을 보유한 상태에서 금리가 상승하는 것보다, 채권을 공매도한 상태에서 금리가 하락하는 것에 대해서 투자자는 더 급박함을 느낄 수밖에 없고, 그 급박함을 견디지 못해 결국 채권을 재매수하면서 포지션을 중립으로 다시 맞추는 거래를 숏 커버링(Short Covering)이라고 부른다. 숏 커버링(Short Covering)도 손절매(Stop Loss)의 일종이지만, 필자는 숏 커버링(Short Covering)의 반대되는 개념을 들어 본 적은 없다. 즉, 채권을 보유한 투자자가 금리가 상승함으로 인해서 채권을 매도하는 거래, 그 거래에 대한 용어는 손절매(Stop Loss) 말고는 다른 용어를 들어 본 적이 없으며, 있다고 하더라도 숏 커버링처럼 그 움직임이

강력하지는 않다. 여러 번 언급하지만 채권은 보유한 사람에게 유리한 자산이기 때문에, 금리가 오른다고 급격하게 매도하는 세력들이 시장을 역동적으로 변화시키지는 않는 듯 싶다.

다시 숏 커버링에 대해서 좀 더 생각해 보자. 일정 금리 수준에서 금리가 상승할 것이라고 생각하는 투자자가 많다면, 그리고 그 견해를 수익화하기 위해 숏 포지션(Short Position)을 취한 투자자가 많다면, 금리는 오히려 쉽게 상승하기가 힘들다. 단기적인 거래 수익을 얻으려는 대부분의 투자자들이 이미 공매도를 해 놨기 때문에, 시장에 추가적인 매도 세력이 나타나기가 힘들기 때문이다. 반면에, 급작스러운 경제 지표의 악화, 시장 분위기의 변화, 자연재해, 테러 등 어떤 이유에 의해서건 채권 금리가 오히려 하락하는 계기가 생긴다면? 금리는 어느 정도 하락할 것이고, 그 하락에 당황한 공매도 세력들은 가장 급박한 투자자 순으로 자신의 공매도 포지션을 청산, 즉 숏 커버링(Short Covering)하는 거래를 할 것이다. 물론, 숏 커버링(Short Covering)은 해당 채권의 매입이다. 숏 커버링을 위한 매입 세력이 생성됨으로써, 채권의 가격은 더욱 상승(즉, 금리의 하락)할 수밖에 없고, 그렇게 되면 좀 더 덜 급박했던 투자자들도 급박해지면서 매입을 해야 할 것이다. 이와 같은 일련의 과정으로 채권 금리는 그 어떤 계기에 의해서 움직였었어야 할 만큼보다 추가적으로 더 큰 움직임(금리 하락)을 나타낼 것이다.

숏 커버링으로 인한 시장 금리의 추가 하락은 시장에 숏 포지션이 많을 때 자주 나타나게 된다. 역설적이지만, 모든 사람들이 금리가 올라갈 것이라고 예상한다면, 이미 시장에 숏 포지션(Short Position)을 취한 투자자들이 너무 많아서, 금리는 오르기 힘들고, 오히려 어떤 금리 하락의 계기가 발생한다면, 숏 커버링(Short Covering)이 유발되어 금리가 하락할 위험이 더 클 수 있다. 또한, 금리가 상승할 것이 너무나 당연해 보이는 시장에서는, 수많은 투자자들이 숏 포지션(Short Position)을 취하고 있을 것이기 때문에, 대규모 숏 커버링(Short covering)에 의해 그 포지션이 상당 부분 청산되지 않는다면, 금리는 오르기 힘들다.

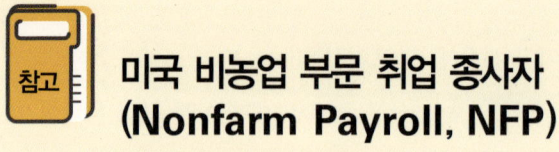

미국 비농업 부문 취업 종사자 (Nonfarm Payroll, NFP)

블룸버그 NFP DES

매달 첫 번째 주 금요일이면 미국에서 가장 악명 높은 경제 지표가 발표된다. 비농업 부문 취업 종사자의 변동분을 발표하는, 영어로는 Nonfarm Payroll, 혹은 줄여서 NFP라고도 표현하는 고용 지표가 그 악명 높은 경제 지표이다. 이 지표는 미국의 노동 통계청(Bureau of Labour Statistics)에서 실업률을 비롯한 다른 고용 지표들과 함께 발표하며, 사실은 매달 첫 번째 주 금요일에 발표하는 것이 아니라, 매달 12일이 포함된 주를 기준으로 자료를 취합하고, 이로부터 세 번째 금요일에 발표하게 되는데 그 금요일이 보통 매달 첫 번째 금요일인 경우가 많은 것이다.

이 비농업 부문 취업 종사자는, 전체 고용 인구에서 농업 근로자, 민간 가사 근로자, 일반 정부 근로자, 그리고 민간 비영리 단체 근로자를 제외한 종사자의 수를 집계하는 것이며, 미국 전체 노동 인구의 약 80%를 차지한다. 지표는 그 변동분을 증감의 형태로 발표한다. 즉, +150k라고 하면, 비농업 부문에 종사하는 전체 고용자 수가 15만 명 증가했다는 것을 의미한다.

비농업 부문 취업 종사자 지표는 미국의 고용 시장에 대한 정보를 제공함으로써 고용 시장을 통해 현재 및 향후 경제 상황을 판단 및 예측할 수 있기에, 본 지표는 주식 시장, 채권 시장, 상품 시장 등 여러 시장에 직접적인 영향을 미치게 되며, 또한 연방 준비 위원회의 향후 정책 금리 방향에 대한 판단, 재무성의 재정 정책에 대한 판단 등에도 영향을 미치는 중요한 지표이다.

본 지표가 악명이 높은 가장 큰 이유는, 그 중요도에 비해 예측이 부정확한 측면에 있다. 매번 이 지표가 발표되기 전에, 각종 투자 은행 및 리서치 기관들은 예측 치를 발표하고, 그 예측 치들은 블룸버그에 취합되어 시장 예측(Market Consensus)으로 나타나는데, 실제 발표 결과가 시장 예측에 상당히 어긋나는 경우가 많다. 시장 예측을 높은 수준으로 상회하면, 고용 시장이 기대보다 좋은 것으로 받아들여져서 주식 시장은 상승하고, 채권 시장은 금리가 상승하고, 또한 각종 상품가격들은 상승하는 결과를 가져올 것이며, 그 반대의 경우에는 주식 시장의 하락, 채권 시장에서의 금리 하락, 상품 가격의 하락으로 나타날 것이다. 보통 그 전월에 발표한 지표에 대한 수정치도 같이 발표되는데, 이 수정치조차 상당히 들쭉날쭉하다. 시장에 영향을 많이 미치는 지표가 예상이 어려우니, 매달 고용 지표가 발표되는 날은 엄청난 변동성이 나타나는 경우가 대부분이고, 그렇기에 본 지표가 가장 악명 높은 지표 중에 하나이다.

필자가 생각하는 미국 비농업 부문 취업 종사자 지표를 예측하기 힘든 이유들은 아래와 같다.

1. 비농업 부문 취업 종사자 수에 비해 그 변동분이 지나치게 작은 부분을 차지한다.

미국 노동 통계청의 발표 자료에 따르면, 2015년 6월 기준, 미국의 전체 인구는 2억 5천 66만 3천명이며, 총 근로자의 수는 1억 5천 7백 3만 7천명이다. 100k의 NFP 변동이라고 하더라도, 전체 근로자 수의 0.1%가 채 되지 않는다. 반면 시장에서는 그 100k의 시장 예측 대비 발표 수치의 차이가 엄청난 차이로 받아들인다.

2. 수정 치의 변동이 상당한 경우가 많다.

미국 노동 통계청에 의하면, 발표 당시에 충분한 정보가 취합되지 않아서 전월 발표에 포함되지 않았던 부분이 해당 월에 전월의 수정 치 형태로 발표되게 된다. 뿐만 아니라, 이 수정 치는 발표 이후 2개월에 걸쳐 매달 발표가 되므로, 최초 지표 발표에는 충분하지 못한 정보가 반영된 상태에서 발표된다는 것을 반증한다. 따라서 경제 상황만 관측해서는 수정 전 경제 지표가 어떻게 발표될 지 예측하기가 더 난해하다.

3. 계절 요인의 반영

미국 비농업 부문 취업 종사자 지표에는 계절 요인이 반영된다. 1번에서 언급한 바와 같이, 그 증감의 정도는 전체 근로자 수에 비해 0.1%도 안 되는 수준이므로, 계절 요인의 반영이 또한 그 숫자를 상당 부분 변화시킬 수도 있다.

4. 신규 기업의 반영

미국 노동 통계청은 신규 기업이 설립될 때마다 즉각적으로 그 고용 창출 부분을 반영하지 못하고, 일 년에 2번 신규 사업체를 그 조사 대상에 편입시키기 때문에 신규 기업의 설립으로 인한 고용 창출 부분은 과거 수치를 기반으로 한 수리 경제학 통계 모델에 의해서 예측된다. 따라서 현실과 다를 수 있으며, 이는 주로 경기가 상승세로 전환되는 시점에 고용 지표가 시장의 예측보다 하회하거나, 경기 회복의 신호를 제대로 반영하지 못하는 주원인으로 작용된다.

이 밖에도 여러 가지 원인들이 있을 수 있겠지만, 중요한 건 지표의 예측 자체가 쉽지 않은 반면에, 지표에 대한 시장의 의존도는 상당히 높다는 것이 고용 지표가 발표되는 날 각 금융 시장의 변동성에 영향을 미치는 것이다.

이와 같은 지표의 문제점과 그 지표가 수반하는 급격한 변동성 때문에 많은 시장 참여자들이, 이 고용 지표의 발표를 예측하고 베팅을 하기 보다는 고용 지표 발표 전후로 해서 가진 포지션을 정리하고 중립으로 포지션을 맞춘 다음, 주말은 아무 생각 없이 쉬고 나서, 그 다음 월요일부터 새로운 포지션을 설정하는 경우도 많다. 합리적인 판단에 의한 베팅이 힘들기에, 예측할 수 없는 위험을 감수하며 베팅하기 보다는 쉬어가는 페이지로 활용한다고도 할 수 있을 것이다.

 **미국의 신규 실업 수당 청구 건수(Initial Jobless Claims)와 실업 보험 연속 수급 신청자 수(Continuing Claims)**

미국의 신규 실업 수당 청구 건수, 영어로는 Initial Jobless Claims는 매주 목요일 발표된다. 본 경제 지표는 직전 일주일간 미 정부 노동 사무소에 신규로 실업 수당을 청구한 건수를 발표하는 것이다. 따라서 전주 해고된 사람들의 숫자에 대한 추측 치로 작용한다. 숫자가 클수록 고용 시장이 안 좋은 것으로, 숫자가 작을수록 고용 시장이 양호한 것으로 볼 수 있고, 전반적인 고용 시장의 상황을 판단하는 지표의 하나로 사용된다.

하지만, 신규 실업 수당 청구 건수는 말 그대로 실업자가 직접 노동 사무소에 방문해서 신청을 해야 하므로, 계절적 요인에 의해 많이 좌우될 수 있다. 예를 들어, 어느 겨울에 이상 한파 현상이 나타난다면, 날씨가 추워서 노동 사무소 방문을 연기하여, 그 주에는 이례적으로 낮은 청구 건수가 기록될 수도 있고, 또 그 다음 주는 또 전주에 못 신청했던 청구자들이 포함되어 이례적으로 높은 청구 건수가 발표되는 경우도 있다. 극심한 더위, 폭우, 허리케인 등의 자연재해 등도 영향을 미치고, 연휴가 포함된 주의 지표도 왜곡될 수 있다.

이러한 계절적 요인이 가지는 지표의 불안정성으로 인해, 실업 수당 청구 건수와 같은 날 발표되는 실업 보험 연속 수급 신청자 수, 영어로 Continuing Claims를 보완 지표로도 많이 사용한다. 실업 보험 연속 수급 신청자 수는 직전 2주 전의 시점으로 실업 수당을 받고 있는 총 실업자의 수를 나타낸다. 이 지표는 주로 이동평균을 많이 사용하는데 낮을수록 고용 시장이 양호하고, 높을수록 고용 시장이 악화됨을 나타낸다.

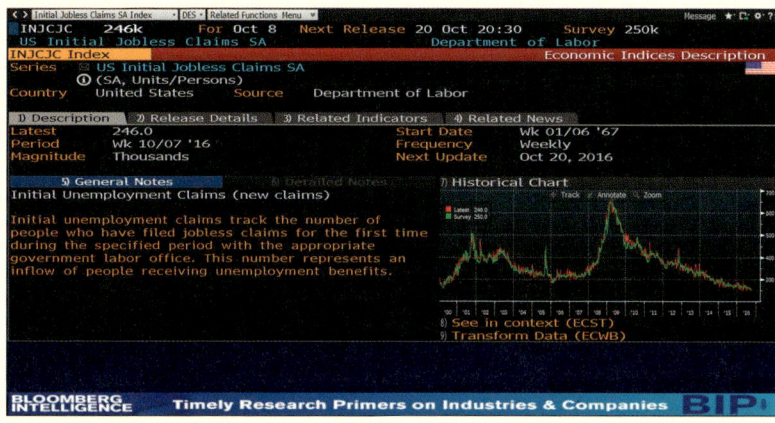

블룸버그 Initial Jobless Claims DES

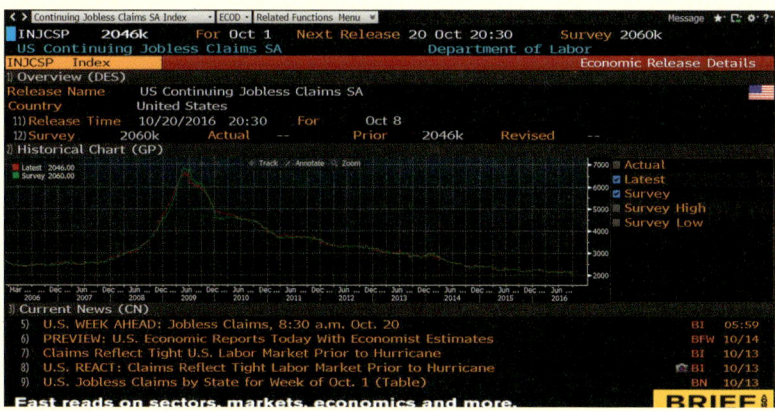

블룸버그 Continuing Claims DES

 **경제 지표의 진화, 중국 위성 제조업 지수 (SMI, Satellite Manufacturing Index)**

각국의 제조업 및 산업 경기의 현황을 파악하기 위해 시장에서 자주 활용되는 경제지표 중 하나가 구매 담당자 지수(PMI, Purchasing Manager's Index)이다. 최근 중국 경제 관련 리서치 자료를 읽다가 Satellite Manufacturing Index가 PMI와 비교되는 차트를 보았었고, 필자에게는 전혀 생소했던 Satellite Manufacturing Index가 무엇인지를 알아보다가 상당히 놀라게 되었다.

우선 구매 담당자 지수가 어떠한 경제 지표인지를 짚어 보고, 이를 보완해 주는 Satellite Manufacturing Index에 대해서 알아보았다.

구매 담당자 지수(PMI, Purchasing Manager's Index)
일반적으로 기업의 구매 담당자들은 생산 설비의 투자, 원자재를 비롯한 생산을 위한 구매 등의 업무를 담당하고 있으므로, 기업의 현황에 대해서 가장 상세하게 파악하고 있는 직원이라고 볼 수 있다. 이러한 구매 담당자들을 대상으로 각종 설문조사를 통해 해당 기업들의 현재 상황에 대한 정보를 수집하고 이를 기준으로 통계를 만들어 내는 것이 구매 담당자 지수의 기본적인 역할이다.

미국의 경우에는, 공급 관리 연구소(ISM, Institute for Supply Management)와 Markit Group에서 조사 발표하는 구매 담당자 지수가 가장 많이 사용되고 있는데, 대체로 공통된 방법론을 이용한다. 참고로 Markit Group은 미국뿐만 아니라, 약 30여개 국가에서 구매 담당자 지수를 설문, 조사, 발표하고 있다. 지역적으로는 Deutsche Börse에서 조사 및 발표하는 시카고 구매 담당자 지수 (Chicago-PMI)도 자주 참고된다.

구매 담당자 지수(PMI, Purchasing Manager's Index)의 방법론

자세히 알아보려 하면 더 복잡하겠지만, 전체적인 방법론은 다음과 같다.

조사 기관들은 매월 리스트(보통 수백 명)에 있는 각 기업의 구매 담당자들에게 일련의 설문 조사를 통해, 신규 주문, 고용, 수출, 원자재 및 완제품의 재고 수준, 원자재 및 완제품의 가격 등에 대한 정보를 제공받는다. 제공받은 정보를 이용하여, 신규 주문, 생산, 고용, 공급자의 배송 시간, 구매 자재 재고 등의 하위항목으로 분류하고, 하위항목의 지수에 일정한 가중치를 부여한 종합 구매 담당자 지수(Headline PMI)와 하위 항목 지수를 함께 발표한다.

이 때, 각 하위 분류 항목에 대한 구매 담당자 지수는 아래의 공식으로 산출된다.

$$PMI = (P1 X 1) + (P2 X 0.5) + (P3 X 0)$$

P1 = 개선을 보이고 있다는 답변들의 백분율 수치
P2 = 변화가 없다는 답변들의 백분율 수치
P3 = 악화를 보이고 있다는 답변들의 백분율 수치

따라서, 모든 설문 대상자가 개선을 보이고 있다고 답하였다면, 개선을 보이고 있다는 답변이 100%, 즉, 백분율 수치인 P1이 100, 나머지는 0이므로 PMI는 100이 산출되고, 반대로 모든 대상자가 악화라고 답변하였다면, 0이 산출된다. 결국 PMI가 50을 기준으로 그 이상이면 경기가 개선되는 신호로, 그 이하이면 악화되는 신호로 이해된다.

중국의 제조업 부문 구매 담당자 지수

중국 경기를 진단하는데 있어서는 크게 두 가지의 제조업 부문 구매 담당자 지수가 주로 활용되고 있다. 방법론은 위에 언급된 방법론과 큰 차이가 없다. 중국 정부 산하의 통계청과 중국 물류 및 구매 연합에서 공동으로 중국 전역 약 800여 개 기업을 설문, 조사, 발표하는 중국 구매 담당자 지수(China Manufacturing PMI)가 그 중 하나이고, 다른 하나는 중국의 언론 매체인 차이신(Caixin)과 Markit Group이 약 420개 기업의 구매 담당자들을 설문, 조사하여 발표하는 차이신 중국 구매 담당자 지수(Caixin China PMI)가 있다.

하지만, 상당수가 중국의 경제 지표들이 현실에 비해 지나치게 긍정적으로 발표되는 경향이 있다고 생각하고, 통계의 정확성이나 중립성 등에 의문을 제기하고 있을 뿐더러, 특히 중국 정부의 고의적인 조작 등의 가능성 등도 언급되고 있어서 중국 발표 경제 지표들에 대한 신뢰성에 의심을 품는 사람들이 적지 않은 실정이다.

중국 위성 제조업 지수(China SMI, Satellite Manufacturing Index)

중국 위성 제조업 지수는 Space_Know라는 미국의 스타트업 기업에 의해 고안, 분석, 발표되고 있다. Space_Know라는 기업은 위성 산업 분야에서 경험을 쌓아온 Pavel Machalek과 기업전문가라 할 수 있는 Jerry Javornicky가 2013년 실리콘 밸리의 벤처 캐피털 투자를 받아 설립한 캘리포니아에 위치한 기업이다. 주요 업무는, 상업용 인공 위성으로부터 제공받은 위성 사진들을 이용하여 각종 경제 활동에 대한 정보를 수집, 분석, 가공하는 서비스를 기업 및 소비자들에게 제공하고 있다. Space_Know는 중국 전역 약 6,000여개 산업 시설에 대한 22억 건이 넘는 위성 사진 (과거 자료 포함)을 수집하고, 수집된 이미지들을 통해 석탄, 철강 등의 관찰 가능한 광물 자원들의 재고 증감, 신규 건설 등의 정보를 그 자체 알고리즘을 이용해서 분석, 가공하여 위성 제조업 지수를 개발하였고, 2007년 6월까지 소급하여 현재에 이르기까지 매월 지수를 산출, 발표하고 있다.

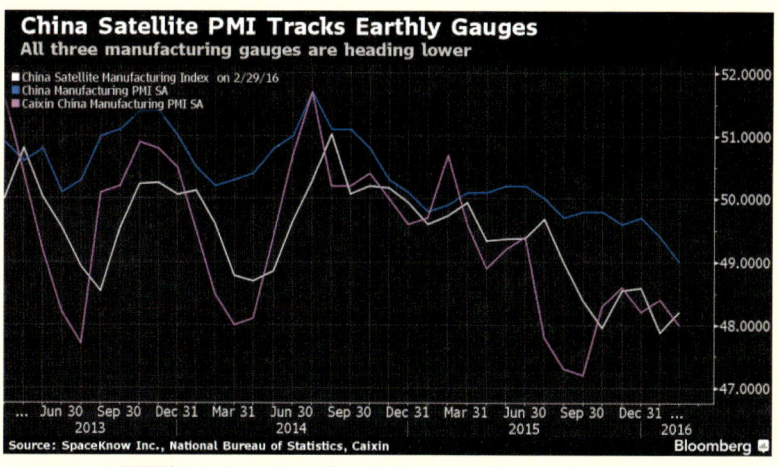

블룸버그 China Satellite PMI Tracks Earthly Gauges

제조업이 주 성장 산업인 중국의 경제 활동을 분석하기 위해서는 제조업 현황이 반드시 필요한 항목일 것이고, 앞서 언급되었듯이 중국의 경제 지표들에 의심을 품는 여러 헤지 펀드들을 포함한 많은 투자자들이, 실제 사진 자료에 의한 추가적이고도 더 객관적이라고 판단되는 중국 위성 제조업 지수를 유료로 제공받고 있고, 또 최근에는 블룸버그(Bloomberg)에도 지수가 등록되어 블룸버그 터미널을 통해서도 열람이 가능하게 되었다. (Bloomberg Ticker: SPCKCSMI [Index])

Space_Know에 의하면, 그 다음 지수 개발 목표는 인도를 대상으로 할 것이라고 하니, 추후 지속적으로 지수들이 개발될 것으로 보인다.

Space_Know라는 기업은 아직까지는 영세한 수준으로 보이고, 지수 개발만이 그 주된 사업인 것으로 보이지도 않는다. 변화 감지(Change Detection) 기능과 물체 감지(Object Detection) 기능을 활용하여, 여러 지역의 위성 사진들을 기반으로 다양한 정보를 획득, 금융, 국방, 보험, 건설 및 부동산, 농업 및 환경 등에 이용될 수 있도록 가공, 제공하는 사업을 하고 있다. 개발한 지수들로 인해 얼마나 많은 수익을 창출할 수 있을지에 대해서도 아직은 의문이긴 하다. 하지만, 상업용으로 획득 가능한 위성 사진 자료를 수집 및 가공하여, 그 정보를 가지고 한 국가의 제조업 현황을 파악하겠다는 아이디어와, 그 아이디어를 실제로 실현시켰다는 것이 의미하는 바가 크다고 생각된다. (심지어 창업자인 Pavel Machalek는 중국에 한 번도 가 본 적이 없다고 한다.) 필자로써는 전혀 생각해 보지 못했던, 경제나 금융과는 직접적인 연관이 없는 것으로 보였던, 위성 사진 데이터와 그 데이터를 분석하는 소프트웨어 기술 등이 금융 투자자들에게 추가적이고 의미 있는 정보를 제공할 수 있다는 Space_Know의 혁신은, 기술의 발달과 스타트업 창업 정신이 앞으로 금융 시장에 가져올 수많은 변화가 기대되게 한다.

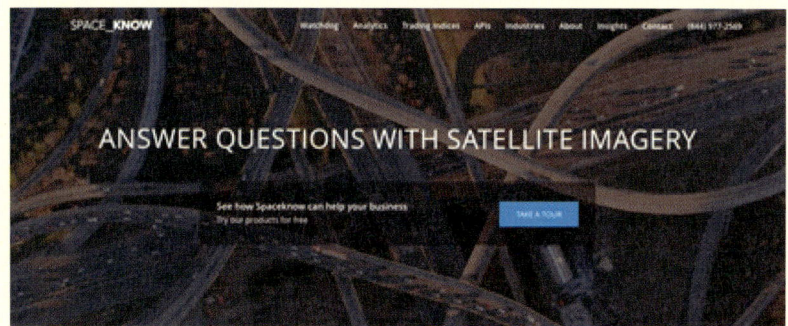

[출처 : Space_Know 홈페이지]

채권 시장에서 스프레드(Spread)는, 금리의 차이를 의미한다. 그 단위로는 주로 베이시스 포인트(BP, Basis Point)라는 0.01% 포인트를 그 단위로 사용한다.

04

비국채 시장 (스프레드 프로덕트 [Spread Product])

그들만의 시장 외화채권입문

스프레드 프로덕트(Spread Product)란?

채권 시장에서 스프레드(Spread)는, 금리의 차이를 의미한다. 그 단위로는 주로 베이시스 포인트(BP, Basis Point)라는 0.01% 포인트를 그 단위로 사용한다.

국채가 아닌 채권 거래에 있어서, 보통 스프레드(Spread)를 호가의 기준이나 가치판단의 기준으로 사용하는데, 기준이 되는 금리 (미국 국채, 이자율 스왑 등)와 해당 채권의 금리와의 차이를 스프레드(Spread)로 표시하여 채권의 금리를 정한다. 채권을 발행한 기관의 신용 위험이 높거나, 해당 채권의 유동성이 현저히 낮을 경우, 또는 향후 변동성이 증가하는 산업에 속해 있거나 하는 등의 경우에는 스프레드 (Spread)가 높게 적용되고, 반대의 경우에는 낮게 적용되어, 투자자들로 하여금 위험에 대한 충분한 보상을 금리로 지급받게 된다.

각 통화로 발행되는 채권들은 해당 통화로 발행된 국채에 비해서 높은 금리 수준으로 발행 및 유통되는 것이 일반적이다. (물론 극히 예외적인 경우로 해당 국가의 국채 금리보다 낮은 금리에 거래되는 경우도 있다.)

다시 말해서, 기준 채권 혹은 벤치마크(Benchmark) 채권의 금리에 가산 금리, 즉 스프레드(Spread)를 더해서 거래, 혹은 가치를 판단하는 모든 비국채 채권을 스프레드 프로덕트(Spread Product)라고 부를 수 있는데, 뒤의 스프레드 프로덕트(Spread Product)의 종류에서 자세히 언급하겠지만, SSA(Supra, Sovereign, Agencies), 회사채, ABS, MBS 등 모두를 포함하는 개념이라고 할 수 있다.

미국 국채 시장의 이해에서 국채에 대한 이해를 하였으니, 이제부터는 국채 외의 다른 채권들인 스프레드 프로덕트(Spread Product)에 대해 개괄적으로 살펴보자.

그들만의 시장 외화채권입문

스프레드(Spread)의 구성

우선 전반적인 스프레드 프로덕트(Spread Product)에 대해 설명하기 전에, 가산 금리 혹은 스프레드(Spread)는 일반적으로 어떻게 구성되어 있으며, 그 하나하나의 의미는 무엇인지 알아보자.

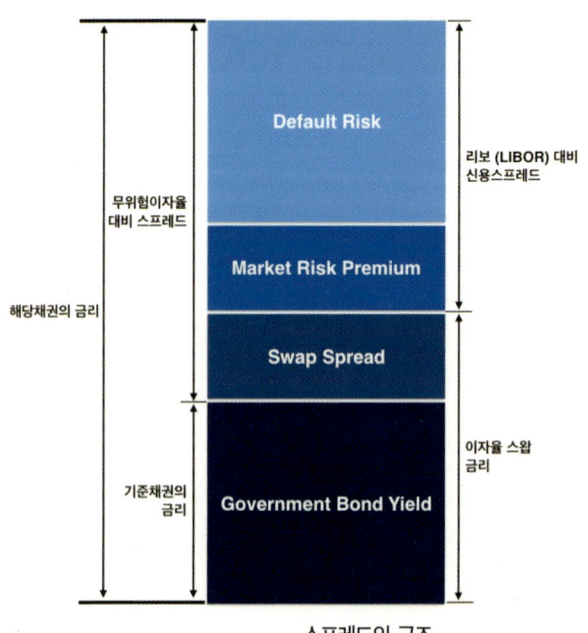

스프레드의 구조

스프레드(Spread)는 위와 같이 표현할 수 있다.

그림의 아래에서부터 설명해 보면,

Government Bond Yield(정부채 금리): 국채 금리이다. 기준이 되는 국채의 금리이자 해당 통화의 무위험 이자율을 의미한다.

Swap Spread(스왑 스프레드): 이자율 스왑 금리와 국채 금리와의 차이이다. 이자율 스왑에 대해서는 **이자율 스왑(금리 스왑, Interest Rate Swap)**을 참고하자. 스왑 스프레드는 정부채 금리에 대비하여 스왑에 참여하는 금융 기관들의 신용 위험이 반영되었다고 볼 수도 있지만, 그것만으로는 설명이 곤란한 여러 가지 복합적인 이유에 의해 영향을 받기도 한다. 특히, 정부채의 수급에 의해 영향을 받을 수도 있고, 또한 특별한 수요에 의해 스왑 스프레드가 왜곡되는 경우들도 자주 있다.

Market Risk Premium(시장 위험 프리미엄): 직접적으로 관찰하기는 쉽지 않은 부분이지만, 해당 산업의 전반적인 위험 프리미엄도 그 일부를 차지할 것이고, 유동성에 대한 프리미엄이나, 자금 조달 상황 등에 따른 시장 위험을 반영하는 부분이다.

Default Risk(파산 위험): 각 개별 기업의 파산 위험을 반영한다. 발행자가 부도가 날 가능성과, 부도가 났을 경우, 원금의 회수율 등을 반영하는 부분이다.

예를 들어, 한 채권의 금리가 5%이고, 같은 만기의 정부채 금리가 3%, 다시 동일 만기의 스왑 금리가 3.5%라면, 그 채권의 금리는 아래와 같이 다시 표현될 수 있다.

채권의 금리	= 정부채 금리 = (정부채 금리 + 스왑 스프레드)	+ <u>무위험이자율 대비 스프레드</u> + <u>리보 (LIBOR) 대비 신용스프레드</u>
5.0%	= 3.0% = (3.0% + 50bp)	+ **200bp** (혹은 **2.0% 포인트**) + **150bp** (혹은 **1.5% 포인트**)

또는,

채권의 금리	= 정부채 금리 = (정부채 금리 + 스왑 스프레드)	+ <u>무위험이자율 대비 스프레드</u> + <u>리보 (LIBOR) 대비 신용스프레드</u>
5.0%	= 3.0% = (3.0% + 50bp)	+ **200bp** (혹은 **2.0% 포인트**) + **150bp** (혹은 **1.5% 포인트**)

일반적으로 채권의 스프레드를 표현할 때는, 무위험 이자율 대비 스프레드, 혹은 리보(LIBOR) 대비 신용 스프레드를 사용하는데, 그 자세한 용도에 대해서는 뒤에서 다시 설명하겠다.

LIBOR (London Interbank Offered Rate)란?

LIBOR는 London Interbank Offered Rate의 줄임말로, 런던에 있는 대형 은행들이 다른 은행들로부터 자금을 대여 받는 금리에 대한 예상치의 평균이다. 한국에서는 리보 금리라고 많이들 부르고, 영어로는 보통 라이보라고 부른다. 공식적인 명칭은 최초 도입 당시에는 British Banker's Association LIBOR, BBA LIBOR였으나, 2014년 초, 관리 기능이 NYSE Euronext의 ICE (Intercontinental Exchange)로 넘어가고 나서는 ICE LIBOR가 공식 명칭이다.

1984년 10월, 영란은행 등의 도움을 받아 영국 은행 연합(British Bankers' Association)에서 최초로 도입되었으며, 현재 각종 채권 및 단기 금리들의 기준 금리로써 그 역할을 하고 있다.

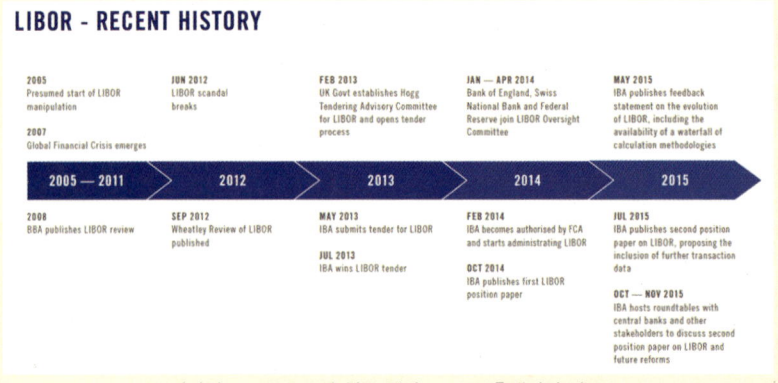

이미지 – LIBOR의 최근 역사 – ICE 홈페이지 자료

LIBOR는 5개의 통화(USD, EUR, GBP, JPY, CHF)로 집계되며, 하루짜리 금리부터 1년까지, 총 7개의 만기(1일, 1주, 1개월, 2개월, 3개월, 6개월 그리고 12개월)로 Thomson Reuters에 의해 매 영업일마다 집계된다. 집계 시간은 런던 시간으로 오전 11시 이전이고, 발표는 오전 11시 30분에 각 통화별, 만기별로 발표된다.

무담보를 기준으로 한 대출 금리이며, 따라서 연방 준비 제도(Federal Reserve System) 내의 거래 금리인 연방 기금 금리(Federal Funds Rate)나 각종 담보를 제공하는 금리들에 비해 거래 상대방 위험(Counterparty Risk)이 분명히 존재한다. TED 스프레드(Spread)는 T-Bill과 ED(Eurodollar) 금리의 차이를 나타내는 금리로, 2008년 리만 브라더스(Lehman Brothers) 사태 이후, 금융 시장의 거래 상대방 위험에 대해 파악할 수 있는 지표 중 하나로 사용된다.

가장 큰 LIBOR 금리 통화는 미국 달러화(USD)이고, 이상하게 느껴질 수도 있지만, 미국 외에서 거래된다. 미국 달러화는 기축 통화의 위상에 걸맞게 미국 내뿐만 아니라 세계 각국에서 거래되는데, 해외에서 미국 달러화의 예금, 즉 연방 준비 은행 및 연방 준비 제도 관할 밖에서 거래되는 미국 달러화들을 유로달러(Eurodollar)라고 부르며, LIBOR는 결국 유로 달러의 기준 금리인 셈이고, 그 기준 금리의 위상이 커지다 보니, 미국 내의 은행들이나 금융 기관들, 그리고 각 금융 시장 참가자들도 그 금리를 다양한 목적의 기준 금리로 사용한다.

LIBOR 금리를 기준으로 사용하는 다양한 금융 상품들이 존재하는데 예를 들면 아래와 같다.

- 이자율 스왑: 이자율 스왑 금리는 고정 금리 부분을 그 스왑 금리, 변동 금리 부분을 LIBOR(USD의 경우 일반적으로 3개월 LIBOR)를 사용한다. 스왑션(Swaption, 이자율 스왑 금리에 대한 옵션) 등 이자율 스왑 금리로부터 파생되는 금융 상품들도 수없이 많이 존재한다.

- 유로달러 선물(Eurodollar Futures): 3개월 LIBOR 금리를 기초 자산으로 하는 선물 계약이다. 향후 단기 금리의 변동에 대한 예상이 반영된다.

- 변동 금리부 채권(Floaters, Floating Rate Notes): 금리의 변동에 따라 그 이자 지급액이 변동하는 채권들로, 대부분의 변동 금리부 채권들은 LIBOR를 기준 금리로 사용한다.

물론 이 밖에도 LIBOR를 기준 금리로 사용하는 금융 상품들은 수없이 많다.

설문 방식은 매 영업일마다 패널이 되는 은행들에게 각 영업일 런던 시간 오전 11시 기준으로 상당한 금액을 차입할 수 있을 것 같은 금리를 설문하고, 가장 높은 금리 4개와 가장 낮은 금리 4개를 제외, 나머지를 평균하는 방식이다.

[블룸버그 3개월 LIBOR 금리 차트]

그들만의 시장 외화채권입문

스프레드 프로덕트(Spread Product)의 종류

기본적으로 해당 통화의 정부에서 발행하는 국채가 아닌 채권 모두를 스프레드 프로덕트(Spread Product)라고 불러도 무방할 듯싶다. 따라서 그 종류를 이야기하자면 끝이 없을지도 모른다. 그 중, 대표적인 것들을 꼽자면 아래와 같다.

1. SSA(Supranational, Sovereign, and Agencies) 혹은 정부 유관 채권(Government-Related)

정부 기관 및 정부 유관 기관들이 발행하는 채권을 통틀어 지칭한다. 일반 회사채에 비해서 상당히 안전하지만, 신용 위험이 전혀 없다고 볼 수는 없으며, 그렇기 때문에 국채보다는 보통 금리가 높은 것이 일반적이다.

다음과 같은 발행자의 채권을 SSA로 분류한다.

Supranational

Supranational은 한 국가를 초월하는 초국가 발행자를 의미하며, 세계은행(World Bank)이나 아시아개발은행(ADB, Asia Development Bank), 유럽개발은행(EBRD, European Bank for Reconstruction and Development) 등의 국제기구가 발행하는 채권을 뜻한다.

Sovereign

Sovereign은 말 그대로 중앙 정부에서 직접 발행하는 채권인데, 같은 통화를 사용하는 정부에서 발행한 채권은 그 나라의 국채라고 하고, 해당 국가의 통화가 아닌 다른 통화로 발행하는 채권은 외환 위험이 포함되기 때문에 따로 분류하여 Sovereign이라고 부른다. 독일이 미국의 달러화로 발행한 채권 같은 경우가 Sovereign 채권의 한 예이다.

Agencies

넓은 범위의 Agencies는 i) 정부가 해당 발행자의 채권 현금 흐름을 보증해 주거나, ii) 정부가 소유하거나, 혹은 iii) 정부가 후원하는 기관에서 발행한 채권을 의미한다.

미국의 대표적인 Agency로는 우리나라의 주택 금융 공사와 같은 역할을 하고 있는 Fannie Mae(FNMA)와 Freddie Mac(FHLMC), Federal Home Loan Bank(FHLB) 등이 있으며, 독일의 산업 은행 역할을 하는 KFW 등도 Agency로 분류된다.

블룸버그 AGCY 화면

Agencies를 또 다시 세부 분류를 하면;

정부 보증채: 중앙 정부, 지방 정부 혹은 기타 정부 소유 기관들이 원금과 이자 금액이 제때 지급되도록 보증해 주는 채권들을 일컫는다. 정부 보증채들은 정부 소유 기관이 발행하는 경우가 대부분이긴 하지만 그렇지 않은 경우도 있다.

정부 소유 기관채: 중앙 정부가 50%이상의 지분을 보유한 기관 발행 채권이다. 정부에서 따로 지급 보증을 서 주지는 않는 경우도 많다. 중앙 정부나 지방 정부가 직접 보유하고 있는 기관들도 포함하지만, 기타 정부 소유 기관들이 지분을 보유한 기관들과 공공 부문 특별법에 의해 주 정부가 소유한 기업들도 포함된다.

정부 후원 기관채: 중앙 정부가 50% 이상의 지분을 소유하지도, 지급 보증을 서 주지도 않지만, 중앙 정부와 밀접한 관계 하에 정부의 정책 수행의 일부를 담당하는 기관들이 발행한 채권이다. 정부 선언문들이나, 정부가 지명하는 이사회 임원, 사회 정책을 수행하는데 있어서 정부가 후원해 주거나, 신용 한도 제공, 혹은 정부로부터의 경제적 지지로 시장 금리보다 낮은 금리에 자금을 조달할 수 있는 정부 정책 등이 있는 경우가 해당한다.

Local Authority

지방 정부에서 직접 발행하는 채권과 한 개 혹은 그 이상의 지방 정부가 50% 이상의 지분을 보유한 기관이 발행하는 채권이다.

2. 회사채(Corporate Bond)

기업이 자금 조달 목적으로 발행한 채권을 회사채라고 한다. 국채나 SSA채권에 비해서, 신용 위험이 큰 경우가 대부분이라 보통 더 높은 금리로 발행 및 유통되는 것이 일반적이고, 회사채 시장은 또 다시 신용 등급에 따라 투자 등급 채권과 투기등급 채권으로 분류할 수 있다.

투자 등급 채권(High Grade Bond)

스탠다드푸어스(S&P), 무디스(Moody's), 피치(Fitch) 등의 신용 평가 기관에서 평가 받은 신용 등급이 BBB-(무디스의 경우에는 Baa3) 이상인 채권을 통틀어 투자 등급 채권 혹은 하이 그레이드 채권이라고 부른다.

투기 등급 채권(High Yield Bond)

신용 평가 기관에서 평가 받은 신용 등급이 BBB-(무디스 Baa3) 미만인 채권 시장을 투기 등급 채권, 혹은 하이일드 채권 시장이라고 분류한다.

3. 자산 담보부 채권(Securitized Bond)

그 외에도 다양한 종류의 자산을 담보로 발행하는 자산 담보부 채권들이 존재한다. 다시 세부항목으로 들어가자면

주택 저당 채권(MBS, Mortgage Backed Securities)

주택을 담보로 한 대출 채권의 현금 흐름을 기반으로 그 현금 흐름이 발생하는 채권이다. 일반적으로 MBS라 하면, 미국의 3대 Agencies인 페니메(Fannie Mae, FNMA), 프레디맥(Freddie Mac, FHLMC), 그리고 지니메(Ginnie Mae, GNMA)가 보증을 서는 주택 저당 채권을 의미하지만, Agency의 지급 보증이 없는 주택 저당 채권을 포함하기도 한다. 미국의 경우, 주택 담보 대출을 받은 대출자가 원하는 때에 원금을 상환

(Prepayment)할 수 있으므로, 투자자가 원금 및 그 이자 지급의 시점을 예측하기가 상당히 어렵다.

자산 담보부 증권(ABS, Asset Backed Securities)

좀 헷갈리는 개념이지만, 사실 넓은 의미의 자산 담보부 증권은 MBS 및 이후 언급할 CMBS 등을 포함하는 것이 맞을 수 있다. 좁은 의미의 ABS는 학자금 대출, 신용 카드 대출, 자동차 대출 등의 대출 채권의 현금 흐름을 기반으로 채권의 현금 흐름이 결정되는 채권들을 의미한다.

상업용 부동산 담보 채권(CMBS, Commercial Mortgage Backed Securities)

MBS와는 구별되는 개념으로, 상업용 부동산이나, 상업용 다가구 부동산(Multi-family Properties) 등을 담보로 한 대출 채권의 현금 흐름을 기반으로 한 채권이다.

커버드 본드(Covered Bond)

발행자의 자산 계정에 있는 자산을 담보로 해당 발행자가 발행하는 채권이다. 주로 유럽에서 많이 발행하고 있으며, 담보가 되는 자산은 주로 부동산 담보 대출이나 공공기관 대출 등이 있으나 다른 담보도 가능하다. 담보 자산으로 신용 보강이 되어 있고, 발행자가 그 현금 흐름을 책임져야 하기에, 보통 회사채와 같이 고정된 원금 및 이자 현금 흐름이 발생한다.(미국의 일반 MBS와 구분되는 부분이다.)

[본 채권의 분류는 바클레이즈(Barclays)의 채권 인덱스 분류 기준을 참고하였습니다. 자산 담보부 채권들은 그 구분되는 특성과 설명의 난해함으로 인해 자세한 설명은 포함하지 않았습니다.]

 **브래디 본드(Brady Bond)**

1982년부터 시작된 멕시코를 비롯한 중남미 및 기타 지역의 개발 도상국(Less Developed Countries, LCD) 국가들의 채무 불이행 사태가 발생하게 되면서 당시 미국의 재무 장관인 니콜라스 브래디(Nicholas Brady)는 해당 국가들에 대출을 해 준 미국 내 금융 기관들이 보유한 자산의 건전성 및 해당 국가들의 채무 상환을 돕기 위해 일명 브래디 본드(Brady Bond)를 활성화하였다.

니콜라스 브래디 재무장관은, **(1)개별적인 시장 기반의 거래들로, (2)채권자가 자발적으로 참여하게 되는, (3)대출을 담보부 채권으로 대체하는** 형태의 계획을 발표하였다.

사실 브래디 재무 장관이 브래디 계획을 발표하기 전인 1988년 3월, 멕시코 정부는 아즈텍 채권(Aztec Bond)을 발행하였었는데, 이 채권은 기존에 멕시코 공공부문에 대출을 해줬던 채권자들과의 협의에 의해 교체 발행되었던 채권이었다. 아즈텍 채권은, 기존 채권자들의 대출 원금을 30% 삭감하고, 대신에 20년 만기, 변동 금리의 아즈텍 채권으로 대체하여 주는 것이 목적이었는데, 이 아즈텍 채권의 원금은 멕시코 정부가 구매한 20년 만기의 미국 무이자 할인 국채로 담보되어 있으며, 해당 담보는 미 연방 준비은행에 채권 만기까지 보유되는 형태였다.

이와 같은 개별적이고도 자발적인 채무 구조조정은 브래디 재무 장관의 브래디 계획(Brady Plan)에 적극 반영되었고, 1989년 3월, 국제 통화 기금(International Monetary Fund)과 세계은행(World Bank)을 포함한 다국적 대출 기관들과 미국 정부가 협력하여, 대출 채권을 보유한 상업 은행들과 함께, 본격적으로 개발 도상국들 채무 구조조정을 하기 시작하였다.

개별적인 형태의 구조화로 인해 모든 브래디 본드가 동일한 특징이나 구조를 띄고 있지는 않지만, 대표적인 사례로 멕시코의 한 예를 들어보면 아래와 같고, 대체로 비슷한 구조를 지녔었다.

대출을 통해 멕시코에 자금을 대여해 준 은행들은 예를 들면, 다음과 같은 선택권이 주어졌다.

은행들이 기존 대출 원금의 35%를 삭감하고, 이에 대해서 리보 더하기 13/16 퍼센트를 이자로 지급받는 30년 만기 채권으로 교환한다. 해당 채권의 원금과 일부 이자 금액(18-27개월 가량)에 대해서는 미국채 중 할인채를 이용하여 그 현금 흐름을 보장하게 되어 있고, 이는 제 3자의 계좌에 그 할인채를 보관하여 투자자로 하여금 해당 국가의 위험에 노출되지 않게 한다.

은행들은 기존 대출 원금과 같은 원금의 "Par Bond"로 대출을 전환하고, 이에 대해 고정 금리로 6.25%(당시 미국 국채 금리보다 낮은 금리이다. 결국 원금이 손실되는 것과 마찬가지 효과를 지게 된다.)의 이자 금액을 매년 지급받게 된다. 물론 원금과 이자 금액은 1의 경우와 마찬가지로 미국채 중 할인채를 이용하여 그 현금 흐름을 보장케 한다.

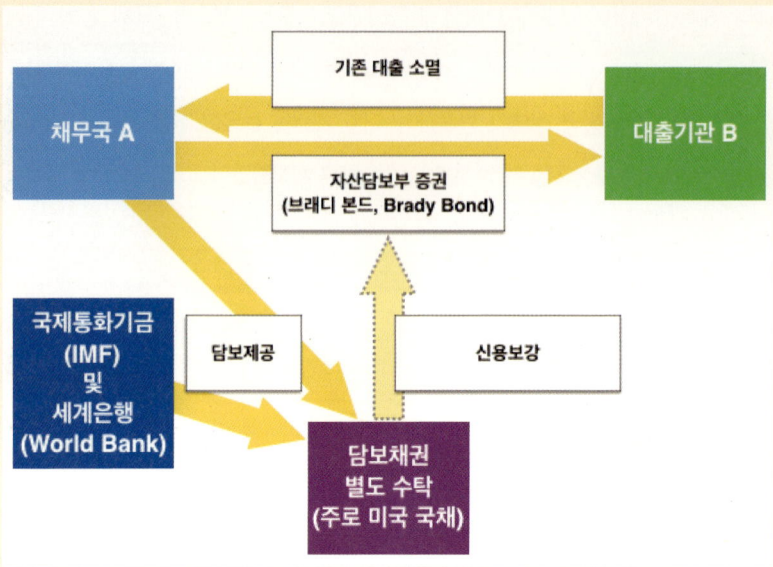

앞서 언급하였지만, 모든 브래디 본드는 개별적으로 기존 대출 은행과의 합의 하에 교환 및 발행되었기에, 그 개별 채권별로 모든 조건이 일치하지는 않는다. 하지만, 대출을 해 주었던 은행 입장에서는 대 출을 좀 더 거래 가능하고 시장성이 있는 형태의 채권으로 교환할 수 있었기에, 가진 자산을 매각 가능한 자산으로 전환시킬 수 있었고, 또한, 미국 국채로 그 원금과 이자 금액이 지급될 수 있기 때문에, 채권의 발행자 위험을 감소시켜 더 활발하게 거래될 수 있었다.

당시 브래디 본드의 만기가 30년까지였으므로, 이제 대부분의 채권들이 상환되어 더 이상 시장에서 활발히 거래되고 있지는 않다. 또한, 상당히 과거에 일어난 일이라 지금은 기억 속의 채권이며, 구조일 것이다. 하지만, 한 때는, 발행되어 시장에 유통되던 물량이 US$ 130bn에 이를 정도였고, 알바니아, 아르헨티나, 브라질, 불가리아, 코스타리카, 도미니카 공화국, 에콰도르, 요르단, 멕시코, 나이지리아, 파

나마, 페루, 필리핀, 폴란드, 우루과이, 베네수엘라, 베트남 등의 국가가 브래디 본드를 발행했었을 정도로, 상당히 큰 규모의 시장을 형성했었다. 대부분의 통화는 미국 달러화였지만, 독일 마르크화, 프랑스 및 스위스 프랑화, 일본 위안화 등 기타 통화들로도 발행되었었다.

그들만의 시장 외화채권입문

발행 시장(Primary Market)

앞선 스프레드 프로덕트의 이해 편들에서 언급된 SSA채권과 회사채, 그리고 심지어 일부 국채의 경우(유럽의 경우 신디케이션으로 국채가 발행되는 경우도 있다.)에는 옥션에 의한 입찰이 아닌, 신디케이션(Syndication) 방식으로 채권을 발행하는 것이 일반적이다.

신디케이션이라 함은, 규모가 큰 주식이나 채권의 발행 시, 한 투자 은행이 소화하기 힘든 물량일 경우 여러 투자 은행이 힘을 합쳐서 자금을 조달하는 방식이며, 이를 통해 투자 은행들은 해당 주식이나 채권이 전량 판매되지 않았을 경우에 잔량을 떠안게 되는 위험을 감소시킬 수 있다.

각 투자 은행에는 채권 발행자를 담당하는 Debt Capital Market부서가 있고, 이 부서는 투자자를 모집해야 하는 Sales부서와 Chinese Wall로 구분이 되어 있기 때문에 그 중간에 Syndicate부서가 존재한다. Syndicate부서는 Sales쪽에서의 투자자 동향 등을 파악하여 Debt Capital Market부서에 정보를 전달해 주기도 하고, 타 투자 은행과의 업무 협력 및 조율을 담당하며, 발행되는 채권의 할당(Allocation) 또한 담당한다.

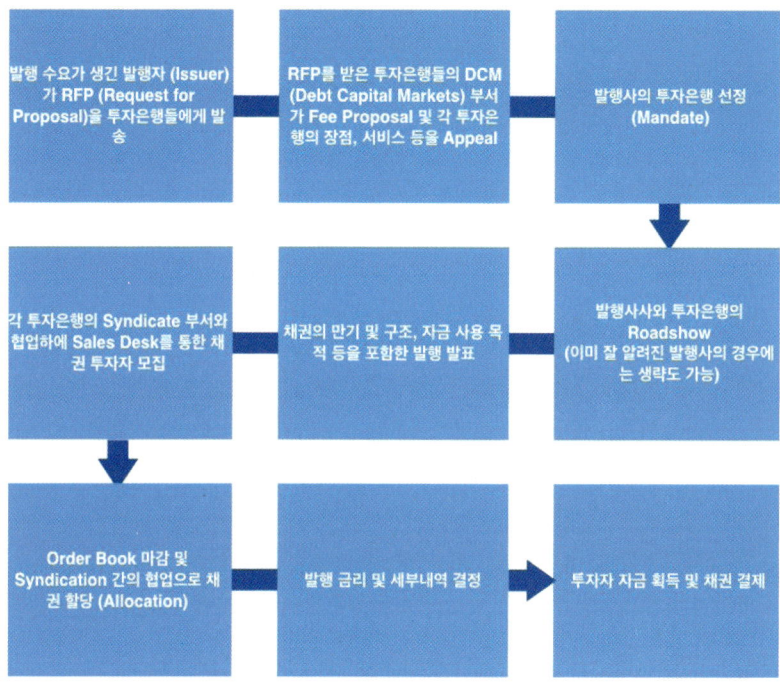

채권 발행 절차

일반적인 Benchmark 채권 발행 절차는 그림과 같다. 여기서 Benchmark라고 함은, 큰 규모의 채권 발행으로, 상대적으로 유동성이 뛰어나며, 다른 소규모 채권 발행 (e.g. MTN나 비슷한 종류의 다른 채권 등)의 가치판단 기준이 될 수 있는 채권을 의미한다. 즉, 정상적으로 상당한 물량을 발행하는, 그리고 표준적인 채권의 형태를 띠는 발행이라고 생각하면 된다.

팟 딜(Pot Deal)과 리텐션 딜(Retention Deal)

신디케이션을 통한 채권 발행 시, 각 투자 은행의 세일즈(Sales)들 및 신디케이트(Syndicate) 부서가 Order Book을 작성하는 방식에 따라 팟 딜(Pot Deal)과 리텐션 딜 (Retention Deal)로 구분될 수 있다.

팟 딜(Pot Deal)

팟(Pot)이라고 하면 사전적인 의미로는 냄비나 솥 등을 의미한다. 투자자들의 신규발행물에 대한 매입 의사를 포함한 주문들을 신규 발행을 공동 진행하는 주간사, Lead Manager들이 공유하게 된다. 투자자 A의 주문은 어느 주간사를 통해서 주문을 하였더라도 주간사 그룹에게는 하나의 주문으로 받아들여지는 것이다. 예를 들어, 투자자 A의 USD 10MM 주문은, 그 주문이 주간사들 중 그 누군가에 의해서 받아지더라도, 그리고 대개의 경우처럼 복수의 주간사들에게 주문이 받아들여지더라도 한 기관에서의 주문은 한 주문으로 인식되게 된다. 따라서, 평상시에는 경쟁사들이었음에도 불구하고, 협업을 하게 되는 경우라 할 수 있다.

리텐션 딜(Retention Deal)

최근에는 점점 팟 딜이 흔해지고 리텐션 딜이 많지 않지만, 특히, 일본 발행사들의 경우에는 여전히 리텐션 딜 방식으로 채권을 발행하는 것이 일반적이다. 리텐션 딜은, 발행 물량을 공동 주간사들이 각자의 물량으로 나눈 후, 독립적으로 영업을 하여 자신의 할당 물량을 투자자에게 파는 방식이다. 즉, 위의 예를 재사용하여, 투자자 A가 공동 주간사 중 한 곳에 USD 10MM 주문을 넣었으면, 그 주문은 해당 주간사에 할당된 발행 물량에서만 배정을 하게 된다. 또한, 다른 주간사에게도 주문을 넣으면, 그 주문 물량은 공유되는 것이 아니라 새로운 주문이 되며, 공동 주간사들마다 각자 경쟁을 하게 되는 형태이다.

투자자의 주문 방식

신규 발행의 경우 투자자의 다양한 선호도에 따라 그 주문의 방식이 상이할 수 있다. 대체로 자주 사용되는 주문 방식은 아래와 같다.

Reoffer

Fixed to Reoffer를 간략하게 표현하는 것이다. 이는 발행사가 발행하는 금리나 스프레드가 어느 수준이냐에 관계없이, 투자자는 발행 가격을 받아들이겠다는 의미이다.

Limit Order

발행 과정에서 투자자의 수요가 지나치게 몰리게 되면, 발행사가 발행 금리를 낮추는 즉, 발행 가산금리(Spread)를 축소시키거나 투기 등급 채권의 경우 발행 금리 자체를 낮추게 되는 경우가 많다. 결국 투자자 입장에서는 자신이 예상했던 금리보다 낮은 금리, 곧 비싼 가격에 매입을 하게 되는 경우가 생길 수 있어서, 발행 가산 금리나 발행 금리에 대한 리밋(Limit)을 설정함으로써 그 가산 금리나 발행 금리 미만으로 발행되게 되면 주문은 자동 소멸된다.

Other Conditions

기타 조건들로, 발행 금리에 대한 조건, 즉 절대 금리 수준에 대한 조건을 설정할 수도 있고, 또한 총 발행 금액에 대한 조건 등 다양한 조건을 추가하는 경우도 종종 있을 수 있다.

x-Account Order

x-Account 주문은 팟 딜(Pot Deal)의 경우에만 해당하는데, 투자자가 팟 딜에 참여한 모든 공동 주간사에 그 채권 발행 및 판매 수익이 나눠지기를 바라지 않을 때, 특정 주간사에만 주문을 넣는 것이고, 이러한 주문은 다른 주간사들과 투자자 정보가 공유되지 않는다.

B&D Exception

B&D는 Billing & Delivery의 약자로, 채권을 결제하는 역할을 하는 주간사를 의미한다. 보통 리텐션 딜의 경우에는 각자가 받은 주문을 각자가 결제하는 형태로 진행되지만, 팟 딜(Pot Deal)의 경우에는 공동 주간

사 중 한 곳이 모든 물량을 결제하게 된다. 투자자의 필요에 의해서 특정 주간사로부터 채권을 전달받고 싶은 경우에는 B&D Exception으로 한 주간사를 지정하게 된다.

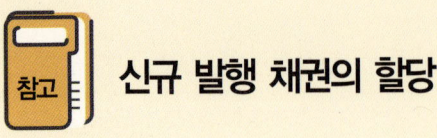
신규 발행 채권의 할당

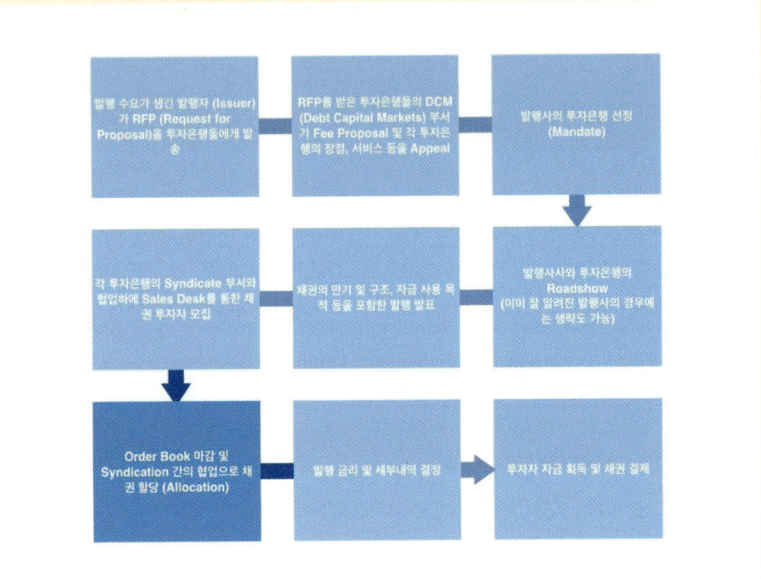

발행 시장 부분에서 신디케이션(Syndication)에 의한 발행 방식에 대해서 설명했었다. 여기서 채권의 할당(Allocation)에 대해서 언급하였었는데, 이는 팟 딜(Pot Deal)의 경우나 리텐션 딜(Retention Deal)의 경우 모두에 해당한다. USD 1 Billion을 발행하는데 총 투자자의 오더가 USD 3 Billion이 들어왔다고, 모든 참여한 투자자들이 1/3씩 물량을 받아가는 것이 아니다. 누군가는 오더 물량의 100%를 가져갈 수도 있고, 누군가는 0%를 받아갈 수도 있다. 이와 같은 할당은 각 투자은행(혹은 팟 딜의 경우에는 해당 신디케이션에 참여한 투자은행들

공동으로)의 신디케이션 부서에서 결정하게 되는데, 어떤 기준에 의해서 어떻게 채권을 할당(Allocation)하는지 알아보자.

우선, 가장 먼저 이야기할 부분은, 채권의 할당(Allocation)에는 발행사의 의견이 가장 직접적으로 반영된다. 채권 발행 부서(Debt Capital Markets, DCM)의 입장을 생각해 보자. 한 채권 발행 딜에는 여러 곳의 투자 은행들이 경쟁적으로 딜을 따려 노력할 것이고, 채권을 발행하는 부서 입장에서는 각 발행사가 모두 그들의 고객이고 클라이언트다. 해당 딜도 중요하지만, 향후 앞으로 더 발행할 채권들에 대해서도 영업을 해야 할 것이기에, 그들의 요구 조건을 가급적 들어주어야 할 것이다. 반면에 그 신규 발행 채권을 시장에 팔아서 투자자를 모집하는 세일즈 입장에서는, 각자가 커버하는 각 투자자들 중 중요한 순위에 따라 채권이 우선 배당되게 하고 싶을 것이다. 여기서, 발행사를 우선으로 하는 DCM과 투자자를 우선으로 하는 세일즈 간의 의견이 상충할 수도 있을 것이다. 그 두 부서의 중간자 역할을 하고, 실제로 채권 할당(Allocation) 업무를 담당하는 신디케이트 부서는, 양측의 의견을 조율해서 크게 무리가 가지 않는 선에서 할당(Allocation)하려 할 것이다.

일단, 가장 직접적으로 채권 할당에 영향을 미치는 발행사의 의견이 어떤 것들이 있을지 생각해 보자. 물론 각 발행사들마다 선호하는 조건이 다를 수 있겠지만, 대체로 아래의 조건을 충족하는 투자자를 선호하는 경향이 있다.

- 발행사가 발행한 채권을 오래 보유하면서 채권자와 채무자의 지속적인 관계를 유지할 수 있을만한 투자자
- 향후 발행할 채권들에 대해서도 계속 수요를 보일만한 투자자
- 공적 자금이 투입된 투자자 등, 그 자금의 출처가 확실하고 지속적으로 시장에

서 투자를 지속할만한 투자자
- 해당 투자자가 투자했다는 사실이 여타 투자자들에게 투자 권유를 하기에 유리할 만한 투자자

그리고, 아래의 성향을 가진 투자자들은 우선순위에서 떨어질 것이다.

- 채권 발행 후 단기적으로 매도하여 차익을 실현하려는 투자자
- 지속적이라기보다는 시장의 수요와 공급에 맞춰 기회주의적으로 치고 빠지는 성향을 가진 투자자
- 투기성 자금 등 그 자금의 출처가 불분명한 투자자

발행사가 선호하거나 피하려는 성향은 이외에도 훨씬 더 많을 수 있다. 예를 들면, 해외 채권을 발행하려는 한국 발행사가 국내 투자자보다는 해외 투자자에게 우선하여 할당을 해 주려 하거나, 유럽에 있는 발행사들이 아시아 투자자들에 대한 할당에 인색하다던가, 그때그때 상황에 따라, 또한 발행사 각각의 선호도에 따라 그 채권 할당의 기준은 달라질 수 있다.

이러한 신디케이트 신규 발행 건들은 그 규모가 상당하고, 또한 투자자의 수도 수십, 수백, 수천에 달할 수도 있다. 모든 투자 은행들이, 혹은 발행사가 그 투자자들 각각의 성향을 완전히 이해하지는 못하기 때문에, 우선 투자자의 성향에 따라 분류하는 경향이 있다. 발행사가 선호할 만한 조건을 가진 투자자들을 일부 나열해 본다면 아래와 같을 것이다.

- 각 국의 중앙은행

- 각 국의 국부 펀드(Sovereign Wealth Fund)
- 각 국의 정책 은행
- 누구나 알 만한 대형 채권 펀드(예, PIMCO, CALPERS 등)
- 지명도가 있는 대형 보험사들(일반적으로 보험사들은 채권 매수 후 만기까지 보유(Buy & Hold)하려는 성격이 강하다.)
- 대형 은행들

대부분의 신규 발행에 있어 위에 언급한 기관들은 채권 할당(Allocation)에 있어서 우선시 된다.

반면에 발행사가 우선순위를 뒤로 미룰만한 기관들은 아래와 같을 것이다.

- 단기 성향의 Fast Money
- 헤지펀드(Hedge Fund)
- 트레이딩 위주 성향의 기관들
- 브로커

이와 같은 기관들은 그 기관의 분류 자체에서 우선순위가 떨어지게 되기 때문에, 트레이딩이나 단기 성향의 기관으로 분류되지만, 사실 중장기적 관점에서 매수 및 보유하는 기관들은 각 투자 은행의 세일즈, 신디케이트 등과 지속적인 커뮤니케이션을 통해 자신들의 투자 성향에 대해서 알려 줘야 할 것이고, 또한, 발행 이후 단기간에 채권을 매도하는 모습을 꾸준히 보이지 않음으로써 중장기 목적으로 매입한다는 사실을 지속적으로 증명해야 할 것이다. 마찬가지로, 채권의 할당(Allocation)에도 평판(Reputation)이라는 것이 있어서, 분류 자체는 발행사들이 선호할 만한 분류에 있는 투자자라도, 수년 간 보여 왔던 행태들이 채권을 할당받는 즉시 매도한다던가, 상당히 단기에 매도하는 모습을 지속적으로 보여 왔다면, 향후 신규 채권 발행 시에 채권 할당에 불이익을 받게 된다. 그리고 세상에 다른 모든 경우와 마찬가지로, 한 번 안 좋은 쪽으로 평판이 생겨 버리면, 되돌리기는 쉽지 않다.

이 밖에도, 상황에 따라 우선순위가 적용받는 경우들도 물론 있을 수 있다. 예를 들면, A라는 기관은 중간 정도의 우선순위를 가진 기관이었지만, 해당 발행에 맞춰 할당받을 물량을 전액 이자율 스왑이나 통화 스왑을 해당 투자 은행과 하는 경우라면, 이자율 스왑이나 통화 스왑을 통한 추가적인 수익의 창출이 가능하므로, 세일즈 쪽에서 강하게 목소리를 내어 할당 우선순위를 올릴 수도 있다. 혹은, 큰 규모의 참여를 하는 무시 못할 투자자가 All or Nothing 같은 주문을 넣을 경우이다. All or Nothing은 자신이 참여하는 물량보다 적게 나오려면 아예 물량을 받지 않겠다는 주문이다. 예를 들면, B라는 발행사가 USD 1 Billion의 발행을 앞두고 투자자를 모집하고 있는데, 한 초대형 투자자가 USD 700 Million or Nothing으로 참여했다고 생각해 보자. 투자은행(들)은 향후 그 초대형 투자자와의 지속적인 관계에 영향을 미칠 수 있다고 생각하기 때문에 쉽게 Nothing을 선택하지 못할 것이다. 또한, 발행사 입장에서도 그런 초대형 투자자가 채권에 참여한다는 것이 의미가 있을 수 있다. 거절 못할 상황에서 어쩔 수 없이 그 한 투자자가 USD 700 Million을 받아 갔다고 하면, 나머지 USD 300 Million만 가지고 다른 투자자들의 주문 물량을 채워야 할 것이다. 결국 이런 상황에서는 USD 700MM을 할당받은 그 투자자를 제외하고는 나머지 모든 투자자들이 만족하지 못할만한 할당을 받게 된다.

그들만의 시장 외화채권입문

발행 시장(Primary Market)에서의 금리 위험의 헤지

금리 위험의 헤지(Hedge)

대부분의 신규 발행은, 벤치마크 미국 국채 대비 가산 금리나 스왑 대비 가산 금리로 진행하게 되는데, 런던 시간, 뉴욕 시간 등 시차로 인해 늦은 시간에 가격이 결정되는 경우, 가산 금리는 목표 수준에 있었지만, 벤치마크 금리 자체의 하락으로 예상한 절대 금리 수준에 못 미치는 채권을 매입하게 되는 경우도 생길 수 있다. 또한, 발행 시점, 즉 투자자에게는 매입 시점과 매각 시점 간의 금리 위험을 헤지하기 위해서는 발행 시점에 정확하게 헤지하여야 하므로, 타이밍에 문제가 생길 수도 있다. 이러한 이유들로 인해서 주간사들은 신규 채권 발행 시에 벤치마크 국채나 기타 채권을 이용하여 투자자들이 금리 헤지를 할 수 있도록 도와준다. 주요 헤지 방식은 아래와 같다.

(EUR이나 GBP, JPY통화로 발행되는 채권의 경우에도 마찬가지이다. 주로 발행 시각은 그 통화가 주로 거래되는 시간(즉 EUR 발행인 경우에는 유럽 시간, JPY 발행인 경우에는 일본 시간)일 것이다. 본 단원에서는

미국 국채를 벤치마크로 하는 USD 채권들을 중심으로 설명한다.)

벤치마크 국채로 헤지(Hedge)할 경우

벤치마크 국채로 헤지하는 경우, 그 경우의 수를 생각해보면 헤지 채권의 물량, 그리고 헤지 채권의 결제일, 이렇게 두 가지로 분류할 수 있다.

헤지 물량을 기준으로 분류하면;

1-1 Hedge(One by One Hedge): 발행에 참여한 채권의 배정 물량과 동일한 물량의 벤치마크 국채를 매도함으로써 금리 위험을 헤지한다.

Duration Weight Hedge: 신규 발행되는 채권의 듀레이션은 벤치마크 국채의 듀레이션과 정확히 일치하지 않을 것이다. 따라서 금리 움직임에 의한 가격 움직임을 헤지하기 위해서는 신규 발행되는 채권과 벤치마크 국채의 듀레이션 비율로 헤지를 하는 것이 더 합리적일 수 있다. Duration Weight Hedge는 투자자가 할당받는 채권의 물량에 듀레이션 비율을 반영해서 헤지 비율을 산출, 그 비율만큼의 벤치마크 국채를 매도하면서 금리 위험을 헤지한다.

기타 헤지: 1-1 Hedge나 Duration Weight Hedge 이외에도 투자자가 원하는 비율, 원하는 금액까지만 헤지하는 것도 가능하다.

다음은 결제일에 따른 분류에 대해서 알아보자.

주의해야 할 점은 발행 시점에 발행 채권의 금리 및 가격이 설정되는 기준 국채의 결제 방식으로 헤지하는 Regular Hedge가 아닌 이상, 일반적으로 헤지되는 채권의 가격은 결제일의 변동에 따라 가격이 변화된다.

USD로 발행되는 채권의 경우, 벤치마크가 되는 미국 국채가 T+1 결제(거래일 익일 결제)로 진행되는 것이 일반적이기 때문에 아래와 같이 분류한다.

Reg Hedge
발행 시점에 매도되는 미국 국채의 결제일을 정규 결제일인 T+1 결제로 한다.

Skip Hedge
매도되는 미국 국채의 결제일을 T+2일로 결제 한다. 아시아의 투자자들의 경우 늦은 시각 혹은 새벽에 미 달러화 발행이 진행되기에, 보통 발행이 된 익일 출근하여 발행 세부 사항 등을 확인하게 된다. 그리고 자신에게 적합한 헤지 수단을 사용, 새로운 금리 헤지 방식으로 전환하거나 헤지 지속 여부를 결정할 텐데, 어찌되었건 헤지 방식을 변경하기 위해서는 발행 당시 헤지에 활용하였던 미국 국채는 재매입하는 거래를 해야 할 것이다. 재매입 거래를 미국 국채의 일반적인 결제일인 T+1으로 하려면, 발행 시점은 그 전일이기에 T+2결제로 매도해 놓아야 익일 T+1거래로 매도와 매수 거래의 결제일을 일치시킬 수 있다.

Corporate Hedge

T+3로 결제하는 것을 의미한다. 보통 회사채의 결제일은 T+3일이기에 "Corporate" 이라고 표현한다.

Matched Hedge

딜에 따라 상이할 수 있지만, 보통 발행되는 채권의 결제일은 발행 가격 결정일 이후 5일인 경우가 많다. 5일이건, 4일이건, 6일이건, 발행 당시 매도될 국채의 결제일을 발행되는 채권의 결제일과 일치시키는 주문이다.

더 다양한 방식의 헤지 방법이 있을 수 있지만, 우선 위에 언급한 내용들만으로도 상당한 경우의 수가 나올 수 있다. 예를 들어, For xxx new issue, USD 10MM Order, 1-1 Reg Hedge라는 표현은, 신규 발행되는 채권에 USD 10MM을 참여하며, 투자자가 할당받게 될 금액 (USD 10MM, 혹은 그보다 적은 금액일 것이다.)과 일치하는 금액의 벤치마크 국채를 발행 시점에 매도하고, 그 국채의 결제일은 T+1일로 처리해 달라는 의미이다.

그들만의 시장 외화채권입문

Reverse Inquiry와 MTN(Medium Term Note)

앞서 **발행 시장(Primary Market)**에서 설명된 경우는 큰 규모의 공모 형태로 채권을 발행하는 경우이다. 하지만, 작은 규모의 맞춤형 채권들도 자주 발행된다. 맞춤형 채권들은 보통 Reverse Inquiry에 의한 MTN(Medium-Term note) Program으로 발행된다. 이와 같은 투자자 맞춤형, 혹은 발행사의 특정 수요에 의해 작은 규모로 발행되는 채권들은 보통 유통 시장에서 거래되는 기존에 발행된 채권들의 금리 수준이나 스프레드 수준을 그 기준점으로 잡고, 그 수준보다 낮은 금리, 혹은 높은 금리에 발행하게 되는데, 여기서 유통 시장에서 거래되는 기존에 발행된 기준이 되는 채권은 Benchmark 채권이라고 부른다.

Reverse Inquiry란?

채권 발행 시장에 있어서, 투자자가 발행자로 하여금 채권을 발행토록 요청하는 것이다. 일반적으로 발행자가 투자자를 모집하는 것과는 반대 방향으로 의사 전달이 진행되기에 Reverse라는 단어가 이용된다. 투자자가 기존에 존재 하지 않는, 특정 발행자, 특정 만기, 특정 구조의 채권을 필요로 할 시, 혹은 기존에 발행된 채권들의 유동성이 충분하지 않아서 투자자의 물량 수요를 충족시킬 수 없는 경우에, 투자 은행들의 세일즈 부서를 통해 투자 의사를 표현한다. 이후, 각 투자 은행들의 세일즈들은 그들의 신디케이트(Syndicate) 부서를 통해 발행사를 직접 담당하는 채권 발행 부서(DCM, Debt Capital Market)로 의사를 전달, 발행사의 발행 의사를 확인하고, 발행 의사가 있을 경우, 금리 및 스프레드를 비롯한 조건들을 협의한 후에 채권발행이 이루어진다.

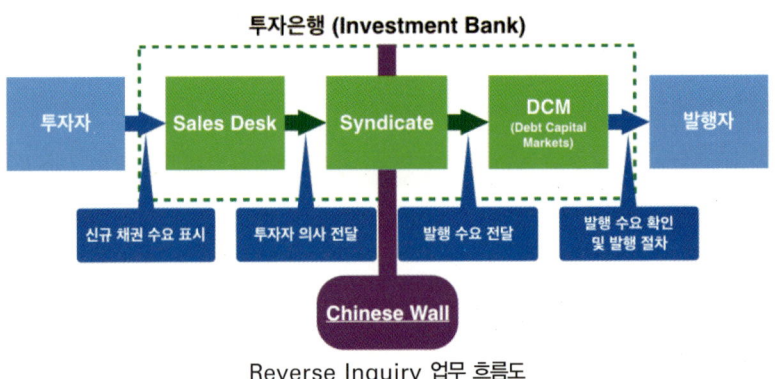

Reverse Inquiry 업무 흐름도

 (일반적으로 DCM부서와 Sales Desk는 직접적으로 의사소통을 할 수 없게 되어 있다. 신규 발행에 관한 정보는 해당 발행사의 기존에 발행된 채권들의 가격에 영향을 미칠 수 있기 때문에, 발행 시장의 정보가 공식적인 발표 이전에 유통 시장으로 흘러들어 가는 것은 대부분의 국가에서 엄격히 제한하고 있다. 발행 시장 관련 업무를 하는 부서는 유통 시장 관련

업무를 하는 부서와 직접적으로 정보를 공유할 수 없으며, 그 둘 간의 규정에 의한 정보의 벽을 Chinese Wall이라고 부른다.)

투자자는 여럿일 수도 있고, 투자 물량이 상당한 경우, 단 하나의 투자자에 의해 발행이 진행될 수도 있다.

MTN(Medium-Term Note)란?

MTN(Medium-Term Note)은 발행사로 하여금, 매번 새로운 채권을 발행시킬 때마다 별도의 신고나 허가 절차 없이, 자금이 필요한 시점에 채권 발행을 통해 자금을 조달할 수 있도록 해 준다.

발행사들은, 일정 금액 한도의 발행에 대한 사업 제안서(Offering Circular or Offering Memorandum), 혹은 투자 설명서(Prospectus)를 미리 등록 또는 신고해 놓고, 그 총액 한도 내에서 등록된 기간 동안 필요에 의해 그때그때 별도 절차 없이 채권을 발행할 수 있다.

따라서, 발행사의 발행 수요에 따라, 혹은 금리나 스프레드의 움직임에 따라 유리한 시점에 발행을 신속히 진행할 수 있으며, 또한 투자자가 Reverse Inquiry를 통하여 요구하는 경우에는 발행사 입장에서 조금 유리한 금리에 발행을 할 수도 있다. 제3자 발행(3rd Party Issuance)으로 진행되는 콜러블(Callable), 신용 연계 채권(Credit Linked Note), Range Accrual 등 다양한 구조화 상품도 가능하다.

그들만의 시장 외화채권입문

채권의 형태(Format of Securities)

오랜 기간 채권 영업을 해온 필자도 늘 정확히 기억이 잘 안 나는 개념이다. 국제 금융 시장에서 자주 거래되는 채권의 대표적인 형태에 대해서 좀 더 자세히 짚어 보자.

본 편에서는 미국의 기준에서 분류하였지만, 자국 통화로 발행하는 경우가 아니라면, 대체로 발행사들은 국제 채권 시장에서 보통 미국 달러화나 유로화로 발행하기에, 아래의 방식으로 분류하는 채권의 형태는 많은 경우에 적용될 수 있다.

SEC Registered 혹은 Global Format

"증권의 진실(Truth in Securities)"법이라고도 불리는 1933년 제정된 증권 법률(Securities Act of 1933) 하에서 등록된 채권을 의미한다. 여기서 SEC는 U.S. Securities and Exchange Commission의 약자이며, 미국 증권 거래 위원회를 의미한다. 미국 증권 거래 위원회는 1934년 미국 증권 거래법 제4조에 의해 증권 시장을 규제하고 일반 투자가들을 보호하기 위하여 창립되었다.

기본적으로 본 법률은 공개 모집을 하는 증권과 관련된 재무적이고도 중대한 정보들을 투자자들로 하여금 획득할 수 있게 하고, 이와 같은 증권을 거래함에 있어서, 사기, 기만을 비롯한 다른 비리를 방지하고자 제정되었다.

따라서 까다로운 공시 및 등록 절차를 요구하고 있으며, 등록을 진행하는 기간도 물론 길어질 것이다.

일반적으로 미국에서 매도되는 모든 유가 증권은 SEC에 등록이 되거나 등록 요구 예외 조건에 해당하여야 한다.

미국을 기준으로 봤을 때, SEC Registered 혹은 Global Format형태의 채권은 리테일 개인 투자자를 포함한 모든 투자자가 투자, 거래 및 보유할 수 있다.

	SEC Registered	Reg S	144A
대상 투자자	모든 투자자 대상 (리테일 투자자 포함)	미국 밖의 모든 투자자	QIB (Qualified Institutional Buyer) 적격기관투자자
결제 시스템	Clearstream, Euroclear, Luxemboug, DTC etc.	Clearstream, Euroclear, Luxemboug	DTC
채권인식번호	Common Code, CUSIP, ISIN	Common Code, ISIN	CUSIP, ISIN

채권의 형태 SEC, REG S, 144A

Reg S(Regulation S)

1933년 제정된 증권 법률(Securities Act of 1933)의 예외 조항 중 하나인 Regulation S는 미국 및 미국 외 발행자들이 미국 밖에서 증권을 발행하는 경우에 대한 예외 조항이다. 본 증권(채권과 주식 모두)은 1) 미국 외에서의 거래에 의해서만 매도되어야 하며, 2) 발행자, 판매자 및 그 어떤 자회사나 직원 등이 미국 내의 투자자에게 직접적인 매도 행위를 할 수 없다.

따라서 Reg S 형태로 발행된 채권은 유럽 및 아시아에서 주로 거래된다.

일반적으로, Reg S 채권들은 Common Code 및 ISIN(International Securities Identification Number)이라는 고유의 채권 인식 번호를 가지게 되며, Clearstream, Luxembourg 및 Euroclear 결제 시스템으로 결제하는 것이 일반적이다.

Rule 144A

Rule 144A는 1990년에 제정된 SEC 규정으로, 사모에 의해 발행된 채권(및 주식)들에 대해 2년의 보유 기간(매도 불가능 기간)을 조정하여, QIB(Qualified Institutional Buyer), 즉 적격 기관 투자자 간에는 거래할 수 있도록 완화시켜 준 규정이다. 사모라고 하면, 그 채권이나 주식이 50인 미만의 투자자에게 분배되는 것으로, 보통 그러한 사모에 참여하는 투자자들은 상당히 수준 높은 투자자로 간주, 발행 당시 공시 의무 등의 요구를 완화시켜 준다.

144A 형태로 발행된 채권의 경우에는 적격 기관 투자자(QIB)로 분류된 미국의 기관 투자자들이 거래하며, 미국 외의 투자자들도 적격 기관 투자자(QIB)로 분류되어 있으면 거래가 가능하다. 하지만, 아시아나 유럽 시장에서는 잘 거래가 되지 않기 때문에 보통 Reg S 형태의 채권들이 유동성이 많은 편이다.

144A 채권들은 CUSIP과 ISIN 번호를 고유 인식 번호로 가지게 되며, 일반적으로 DTC결제 시스템을 통해 결제된다.

Reg S와 144A

SEC Registered가 아닌 채권들은 발행 당시 Reg S와 144A 두 가지의 형태를 동시에 발행하는 경우가 많다. 이와 같은 경우, 발행자, 만기, 금리, 쿠폰 등의 모든 세부사항이 똑같지만, 단지 형태만 Reg S와 144A로 발행되게 되며, 이 두 채권은 기술적으로는 서로 다른 채권이다. 즉, 그 두 개의 채권은 특별한 조치 없이는 서로 결제 가능하지 않다.

Bloomberg에서 채권을 확인할 때, Reg S 채권과 144A 채권이 동시에 검색이 될 터인데, 그 둘은 채권 인식 번호 및 채권의 형태, 결제 시스템을 제외하고는 정확히 일치하는 정보를 보유하고 있을 것이다. 이 때, 발행액, 혹은 발행 잔량 또한 똑같은 금액으로 적혀 있을 것이다. 예를 들면, USD 500MM을 Reg S / 144A 형태로 발행한 경우에, Reg S 채권의 Description에도 발행 금액이 USD 500MM로 보일 것이며, 144A 채권의 Description을 살펴봐도 발행 금액이 USD 500MM으로 보일 것이다. 총 발행 물량은 500MM이지 1BN이 아니었음에 주의하자.

Reg S 채권과 144A채권은 발행일로부터 일정 기간(Grace Period) 후 상호 전환 가능(fungible)하며, 특별한 조치를 통해 서로 결제 가능한 형태로 바꿀 수가 있는데, Reg S채권의 경우에 Euroclear 등의 결제 시스템에 요청하여 144A로 전환, DTC로 결제가 가능하며, 마찬가지로 144A 형태 채권의 경우에도 요청을 통해 Reg S권으로 전환, Clearstream, Luxembourg 및 Euroclear 결제 시스템으로 결제가 가능하다. 일반적으로 144A를 Reg S로 전환하는 것이 대부분이며, 형태의 전환에는 수일의 시간이 걸리게 되므로, 결제일이 지연되는 경우도 종종 있을 수 있다.

또한, 모든 채권이 항상 두 개의 형태로 발행되지는 않으며, Reg S only 혹은 144A only로 발행되는 경우도 있다.

그들만의 시장 외화채권입문

신용 등급

발행 시장에 대한 이야기는 얼추 마무리 지은 듯하고, 이후 유통 시장에 관한 이야기를 시작하기 전에, 우선 신용 등급에 대해서 알아보자.

채권은 주식과 다르게 만기가 존재하는 금융 상품이다. 일반적인 채권은 매 기간마다 고정된 이자(혹은 쿠폰) 금액이 지급되고, 만기에 원금을 상환하는 형태로 되어 있기에, 발행사가 만기까지 이자 및 원금을 상환할 능력만 있다면, 그리고 투자자가 만기까지 보유할 목적으로 채권을 보유한다면, 채권 투자자는 예측 가능한 현금 흐름을 지급받게 된다. 이러기에 채권을 Fixed Income Securities라고 부른다.

다시 말해서, 채권을 투자하는 투자자들에게 있어서, 발행사가 이자와 원금을 제 때 갚을 수 있을 능력, 즉, 만기까지 부도가 나지 않을 가능성을 판단하는 것은 상당히 중요한 부분이다. 물론, 발행사가 실제 부도까지 나지 않더라도, 발행사 상황이 좋지 않아져서 신용 등급이 하락, 혹은 스프레드가 지나치게 벌어지면서 투자자의 시가평가(Mark to Market) 상

손실이 잡힐 수도 있고, 또 그로 인해 어쩔 수 없이 손절매를 해야 하는 경우도 있기는 할 것이다.

이와 같은 발행사의 부도 가능성을 판단하기 위해서는 물론, 투자자가 각 기업의 재무 상태나 경영 상태, 경영진의 능력, 향후 산업의 전망 등에 대한 각종 자료를 수집, 분석해야 할 것이지만, 이와 같은 업무를 제 3자의 입장에서 분석해 주는 신용 평가사들이 있기에, 신용 평가사들이 부여한 신용 등급, 그리고 신용 분석 자료를 유용하게 활용할 수 있다.

외화 채권 시장에서 가장 지배적인 3개의 신용 평가사는 스탠다드 앤 푸어스(Standard & Poor's), 무디스(Moody's), 그리고 피치(Fitch Ratings)이다.

이들이 부여하는 신용 등급은 크게 2가지로 나뉘는데, 1년 이내에 발행사가 부도가 날 가능성을 기준으로 부여하는 단기 신용 등급과, 1년 이상의 부도 가능성을 기준으로 하는 장기 신용 등급으로 나뉜다. 3사의 신용 등급은 다음의 그림과 같이 나뉜다.

얼핏 보기에는 복잡해 보이지만, 장기 신용 등급을 평가하는 것은 사실 고등학교 국사 시간에 배웠던 연분9등법, 전분6등법 등과 크게 차이가 나지 않는다. 또한, 각 신용 평가사 별로 약간의 차이는 있지만, 거의 동일한 구분을 하고 있음을 알 수 있다.

이미지 – 신용 등급 분류표

스프레드 프로덕트(Spread Product)의 종류 편에서도 언급하였지만, 무디스 기준으로 Baa3 및 그 이상, 혹은 S&P나 Fitch기준으로 BBB- 및 그 이상을 투자 등급 채권 (High Grade)이라고 하고 그 아래의 신용 등급을 지닌 채권들을 투기 등급 채권(High Yield)이라고 분류한다.

신용 평가사들은, 투자자들에게 그들이 발간한 신용 평가 보고서를 유료로 제공하면서 수익을 창출하기도 하지만, 주 수입원은 발행사, 혹은 발행 주간사에게 신용 등급 평가를 요청받아 신용 평가를 실시함으로써 수익을 창출한다. 따라서 채권을 발행하는 발행사와 완전히 독립적이라고 볼 수 없기에, 도덕적 해이의 우려가 있을 수 있다. 즉, 발행사나 발행 주간사들은 신용 등급을 일정 수준 이상으로 주지 않으려는 신용 평가사로부터 신용 평가 서비스를 받지 않으려 하고, 이로 인해 신용 평가사들은 금전적인 수익을 위해서 신용 등급을 높게 내어 줄 수 있는, 객관적인 신용 평가 등급을 투자 판단의 주요 정보로 활용하는 투자자와의 이해 상충이 생길 수 있다. 특히, 미국의 서브프라임 사태 이전에 CDO(Collateralized Debt Obligation)등 각종 구조화 채권들의 신용 평가에 있어서 구조화를 하는 기업과 신용 평가사들과의 유착 관계에 대해서 논란이 있었던 바 있다.

그 들 만 의   시 장   외 화 채 권 입 문

유통 시장의 구조

SSA, 회사채 등을 비롯한 외화 스프레드 프로덕트의 유통 시장은 그 구조 자체는 미국 국채 시장과 거의 동일하다. 거래소를 통한 거래가 이루어지는 브로커(Broker) 시장에 익숙한 사람들에게는 상당히 생소한 구조일 수 있다. 그 이유에 대해서 이론적으로 연구해 본 적은 없지만, 아래와 같은 이유가 아닐까 싶다.

예를 들어, GE(General Electric Company)의 주식이 거래되는 거래소 시장을 생각해 보자. GE라는 기업의 주식은 물론 보통주, 그리고 여러 종류의 우선주가 있겠지만, 일단 GE하면 아래와 같은 화면이 뜰 것이다.

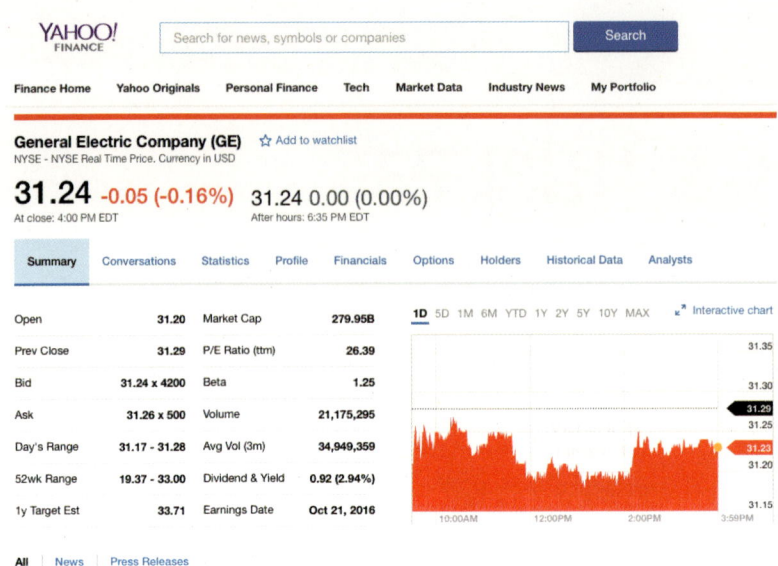

[출처: Yahoo Finance]

GE 주식 정보, 야후 파이낸스

즉, GE의 보통주가 그 대표 선수로 검색이 될 것이고, 대부분의 시장 참여자들은 GE의 보통주를 위주로 거래한다.

반면에, 아래의 Morning Star의 GE채권 창을 살펴보면, GE에서 발행하였고, 거래가 되는 채권들이 무수히 많은 것을 알 수 있다. 주식에는 만기가 없지만, 채권에는 만기가 존재하고, 기업의 자금 수요에 따라 여러 만기의 채권을 발행하였을 것이다. 아래의 목록은 극히 일부일 뿐, GE가 발행한 채권은 만기별로 수백, 수천 가지일 것이다.

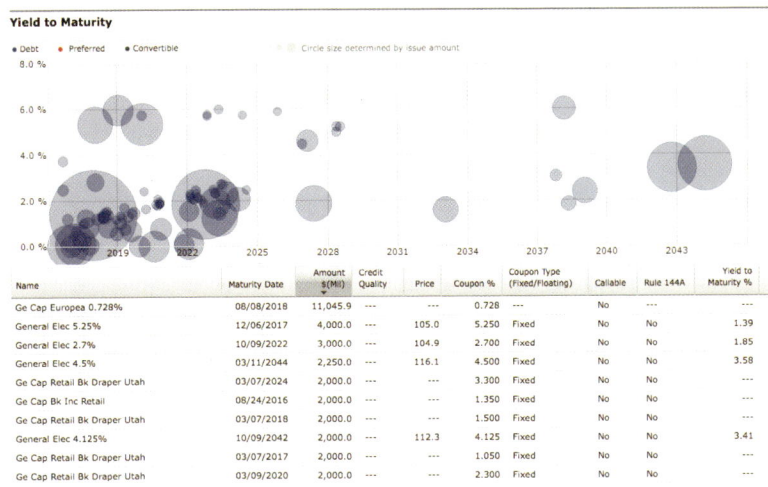

GE 채권 정보, Morning Star

실제로 블룸버그에서 GE채권을 검색하면, 아래와 같은 화면이 나오고, 채권의 개수만 7,672개가 검색되는 것을 볼 수 있다.

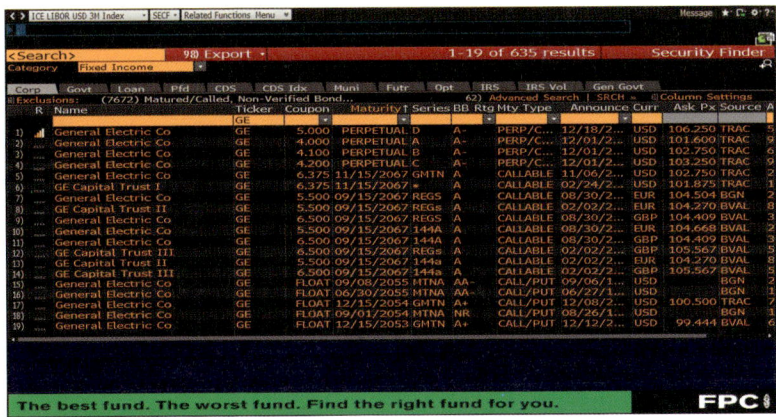

블룸버그 GE 채권 검색화면

따라서 한 발행사가 발행한 모든 채권들이 유동성이 뛰어나기는 힘들 것이고, 매수자나 매도자가 거래를 하려고 하는 그 순간에 정확히 채권과 물량을 일치시켜서 거래를 유발하는 것이 거의 불가능할 것이다. GE 주식을 거래하려는 사람들은 너도나도 GE의 보통주를 거래하려 하고 있지만, GE 채권을 거래하려는 사람은 그 수백, 수천 가지의 GE 채권 중 하나를 거래하려 하는 것이고, 그때마다 그 상대방이 되는 해당 채권의 반대 수요를 찾지 못한다면 거래는 일어날 수 없다. 따라서 주식과 같은 브로커 구조로는 채권 시장에 유동성이 확보되기가 힘들 것이다.

이와 같은 이유들로 외화 채권 시장은 장외 시장(OTC, Over The Counter)을 위주의 구조를 띄고 있다. 그 구조를 이해하기 위해서 우선 각 투자 은행의 외화 채권 시장 조성(Market Making) 구조를 알아보자.

세일즈(Salesperson)

큰 분류상으로 세일즈도 상품의 영역이 구분되기는 한다. 예를 들면 Rates Sales(미국 국채, SSA, MBS 등 신용 위험이 거의 없거나 크지 않은 채권을 주로 거래)나 Credit Sales(회사채, CDS 등의 신용 위험이 있는 채권을 주로 거래) 등으로 분류되고는 한다. 하지만, 세부적으로는 상품의 구분이 따로 없고, 지역 및 성향에 따라 분류된 고객(Client)을 기준으로 역할이 구분된다. 세일즈는 고객에 대한 전문가이고, 각종 시장 정보 및 서비스를 고객에게 제공하며, 고객의 요구에 따라 채권의 매수, 매도를 도와준다. 중요한 부분은, 이와 같은 거래들은 수수료를 수반하지 않으며,

매수 가격은 더 싼 가격에, 매도 가격은 더 비싼 가격에 호가함으로써 형성되는 Bid/Ask 스프레드가 수익의 원천이다. 수익 원천에 대해서는 트레이더(Trader)의 수익 창출과 헤지(Hedge)에서 다시 자세히 이야기하기로 하자.

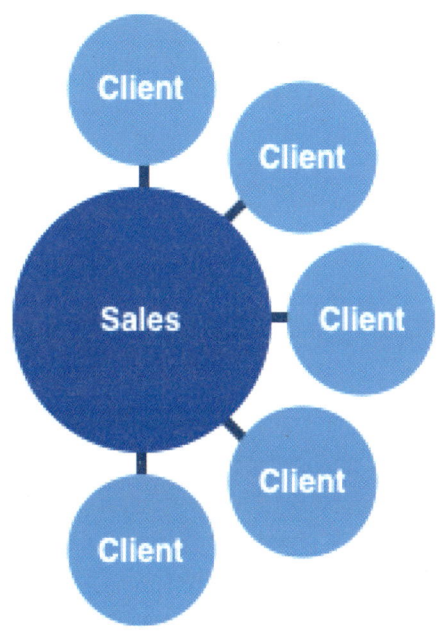

유통 시장의 구조, 세일즈

트레이더(Trader)

세일즈가 고객에 대한 전문가라고 하면, 트레이더는 상품에 대한 전문가이다. 트레이더는 투자 은행의 규모에 따라 정도의 차이는 있겠지만, 상품에 따라 굉장히 세분화 되어 있다.

예를 들면,

Credit Trader(신용 위험이 있는 상품을 거래하는 트레이더) – US Credit Trader(미국 신용 위험을 거래하는 트레이더) – Industrial(금융 분야가 아닌 일반 산업 부문의 신용을 담당) – Utilities(그 중에서도 수도, 전기, 가스 같은 공익사업 관련 신용을 거래) – 10+ Years(그중 10년 이상의 장기 물을 거래)

이런 식으로 상당히 세분화가 되어 있으며, 각각의 트레이더는 자신이 맡은 특정 상품 군에 대해서는 해당 투자 은행 내에서 최고의 전문가가 되어야 한다.

각각의 특정상품 군을 담당하는 트레이더는 각 고객을 담당하는 세일즈들과 함께, 자신의 북(Book, 혹은 계정)을 이용해서 투자자인 고객들의 매수와 매도 요구에 응하면서, 직접 채권을 매수하거나 매도한다. 이를 해당 특정 채권에 대한 시장을 조성(Market Making)한다고 하며, 이 부분은 시장 조성자(**Market Makers**) 편에서 다시 설명하겠다.

유통 시장의 구조, 트레이더

세일즈 + 트레이더 (고객 기준)

각 고객의 기준에서 구조도를 그려 보면 다음과 같다. 투자자인 한 고객을 커버(Cover)하는 세일즈는 고객이 거래를 원하는 특정 상품에 대해서 그 상품을 담당하는 트레이더와 거래를 시도하고, 해당 트레이더는 담당하는 상품에 대해 매도 혹은 매수를 도와준다.

이미지 – 유통 시장의 기준, 고객 기준

따라서, 세일즈는 고객에게 특정한 상품(채권)에 대한 거래 요청을 받았을 때, 그 담당하는 트레이더가 누군지를 알고 있어야 하며, 그 트레이더에게 거래를 요청한다. 또한, 트레이더는 그 투자 은행에서는 그 상품에 대한 모든 거래 요청을 보고 있으므로, 매수 세력이나 매도 세력이 어느 정도인지, 그들이 왜 채권을 사려 하는지 혹은 팔아야 하는지, 어떤 소식이 가격에 영향을 미치고 있는지에 대해 가장 많은 정보를 가지고 있기 때문에, 투자자가 요청할 시에 제공될 수 있는 한에서 자신이 가지고 있는 정보를 공유하기도 한다.

세일즈 + 트레이더 (상품 기준)

특정 상품을 기준으로 구조도를 그려 보면 다음과 같다. 좀 복잡해 보일 수는 있다. 트레이더는 세계 곳곳에 있는 투자자들로부터의 거래 요구를 각 투자자를 커버하는 세일즈들을 통해서 접수하고, 거래를 체결한다. 순간순간 매수와 매도가 정확히 일치하기 힘들기 때문에, 자신의 북(Book)을 사용해서 채권을 단기간 보유하다가 매도할 수도 있고, 채권이 없는 상태에서 먼저 매도를 해 놓고, 다시 채권을 구해 와서 포지션을 상쇄시킬 수도 있다.

유통 시장의 구조, 상품 기준

이 구조도는 한 투자 은행에서 특정 상품을 기준으로 트레이더가 시장을 조성하는 그림을 그려 놓은 것이다. 그렇지만, 채권은 그 종류가 너무나 다양한지라, 트레이더가 자신의 북(Book)을 이용해서 시차를 두고 거래를 진행하더라도, 포지션을 상쇄시키기 힘든 경우도 물론 있을 것이다.

다음의 그림을 살펴보자. 세일즈 + 트레이더(상품 기준)의 구조도에서 조금 더 확장된 구조도이다.

유통 시장의 구조, 확장

해당 채권의 트레이더가 자신이 속한 투자 은행 내의 세일즈와 그 세일즈가 커버하는 투자자들로부터 포지션을 상쇄하기 힘든 경우에, 반대의 포지션을 가진 다른 투자 은행과 거래를 할 수 있다. 이러한 경우에 Interdealer Broker라는, 투자 은행 간의 거래에 있어 브로커 역할을 하는 기업이 존재하며, 그들은 각 투자 은행의 트레이더 간에 거래가 활발하게 일어날 수 있게 해준다. 구조도에서 보이듯이, 트레이더는 자신이 담당하는 특정 채권에 대해 Interdealer Broker를 통해 타 투자 은행들과 거래할 수 있으며, 이 경우에 Interdealer Broker는 수수료를 수취하게 된다.

큰 그림을 그린다면, 세일즈 + 트레이더 (고객 기준)의 그림들과, 확장된 세일즈 + 트레이더(상품 기준)의 그림을 모두 연결하고, 보라색의 각각의 IB가 또한 트레이더, 세일즈, 클라이언트로 세부적인 그림이 그려져야 할 것이다. 물론 클라이언트 또한 투자 은행 간에 대부분이 중복될 것이므로, 수없이 많은 투자자(Client), 세일즈(Sales), 트레이더(Trader), 프로덕트(Product), 인터딜러 브로커(Interdealer Broker), 투자 은행(IB)들이 거미줄처럼 얽히고 설킨, 감히 그리기도 힘든 그림이 나올 것이다. 그 거미줄 같은 복잡한 구조가, 거래소를 거치지 않고 장외 시장(OTC, Over the Counter) 형태로 채권이 거래되고 있는 방식이며, 시장 그 자체인 것이다.

 **채권 인덱스**

코스피(KOSPI)나 S&P 500 등의 주가 지수가 있듯이, 채권에도 지수가 존재한다. 가장 많이 사용되는 인덱스들은, 바클레이즈(Barclays)의 인덱스, 씨티그룹(Citigroup)의 인덱스, 그리고 제이피모간(J.P. Morgan)의 인덱스 등이다. (참고로, 바클레이즈 인덱스는 기존 리만(Lehman) 인덱스를 바클레이즈가 리만브라더스를 인수하면서 같이 인수한 현재 시장 점유율이 가장 높은 인덱스지만, 최근 블룸버그(Bloomberg)에 매각되어 이전 절차를 진행 중이다.)

채권 인덱스의 존재는 투자자들로 하여금, 그 투자 실적에 대한 상대적인 평가가 가능하게 하고, 투자 능력에 대한 분석, 투자 성과에 대한 분석 등이 가능하게 해주기 때문에 상당히 유용하게 사용된다. 예를 들어, 한 투자자가 연 5%의 수익을 창출하였지만, 그가 운용하는 포트폴리오의 벤치마크인 채권 인덱스가 7% 성과를 보였다면, 그 투자자의 성과는 상대적으로 저조한 편인 것이고, 반면에 같은 기간 벤치마크 인덱스가 2% 성과를 보였다면, 투자자는 시장성과 대비 상당한 초과 수익을 창출한 것이다.(물론 그 투자자가 취한 위험의 크기에 대해서도 분석해야 하겠지만, 상당한 초과 수익을 거둔 것은 맞다.)

따라서, 뮤츄얼 펀드를 비롯한 많은 채권 투자자들이 채권 인덱스를 그 성과 평가의 기준으로 사용하고 있으며, 대부분이 전반적인 포트폴리오를 채권 인덱스의 구성을 상당 부분 맞추어 놓고, 각 세부 섹터에 대해 운용자의 견해를 반영하여 일부

Overweight 혹은 Underweight을 하는 식으로 채권 인덱스의 성과보다 좋은 성과 (Outperform)를 거두기 위해 노력한다.

여러 번 언급해 왔던 채권이라는 금융 상품의 성격상, 모든 채권이 유동성이 풍부하지는 않기 때문에, 채권 인덱스를 투자자의 포트폴리오로 복제하는 것이 주식 인덱스를 복제하는 것만큼 용이하지는 않다. 인덱스에는 채권의 종류도 수없이 많을 뿐더러, 그 모든 채권이 당장 매입/매도가 가능할 정도로 유동성이 풍부하지는 않을 수 있고, 매입/매도가 가능한 채권이라고 하더라도 거래 비용이 지나치게 많이 발생할 수도 있다. 그렇기 때문에, 채권 인덱스를 복제하는 여러 가지 방법들이 사용되고 있는데, 선물과 이자율 스왑, 신용 부도 스왑 등의 좀 더 유동성이 뛰어난 채권 대체제로 복제를 하는 방법도 있을 수 있고, 인덱스 자체를 기초 자산으로 하는 토탈 리턴 스왑, 인덱스를 추적하는 채권 인덱스 복제 상품(Replicated Bond Index) 등도 활용되고 있다.

각 인덱스들의 제공자들은 시장별, 통화별, 등급별, 산업별, 발행자별 등으로 인덱스를 세분화해서 운영 및 관리하고 있고, 나름대로의 인덱스 포함 기준을 가지고 있어서, 가능한 유동성이 풍부한 채권들 위주로 인덱스가 구성되도록 설정하고 있다.

대부분의 주식 인덱스들과 마찬가지로, 대부분의 채권 관련 인덱스들도 시장 가치 기준으로 비중을 산정한다. 여기서 논란이 될 수 있는 부분은, 주식의 경우에는 시가 총액이 큰 기업이 우량한 기업일 가능성이 높고, 현재도 건전한 상태이기에 주식 가치의 상승으로 시가 총액이 증가하겠지만, 채권의 경우 좀 다를 수 있다는 것이다. 재무 상태가 건전하고 성과가 좋은 기업들은 상대적으로 부채 비율이 낮을 것이기 때문에 채권 발행 규모가 적을 수 있는 반면, 재무 상태가 안 좋아지고 있는 기업들이 채권 발행 규모가 증가하면서 인덱스 내의 그 비중도 커지기 때문이다. 이러한 채권의 시장 가치 기준으로 비중을 산정한 채권 인덱스를 추적하는 투자자는 상대적으로 부채 비율이 높은 기업에 대한 투자 비중을 늘려야 하는 문제가 생긴다. 이에 대한 논의는 지속되고 있고, 이와 같은 문제를 보완해 주는 채권 인덱스들도 등장했지만, 아직도 대부분의 채권 인덱스들은 시장 가치 기준으로 그 비중이 설정되어 있으며, 대부분의 투자자들도 그 인덱스들을 지표로 삼고 있기는 하다.

 # 채권 시장의 월말 매수 세력(Month-End Buying)

일반적으로, 매월 말, 수일 간은 채권 시장의 월말 매수 세력이 전반적인 매수세(Bid Tone)를 형성한다. 물론 다른 외부 요인이나 거시 경제 지표의 변화 등의 이유로 반드시 스프레드의 축소, 금리의 하락 등의 결과로 연결되지는 않을 수 있지만, 별 다른 일이 없다면, 월말 3-4일간은 일반적으로 매수 세력이 나타난다고 예상될 수 있으며, 이는 다른 요인에 의해서 금리가 상승하는 경우라도, 적어도 그 상승 폭을 완화시켜 주는 요인으로 작용할 수 있다.

이와 같은 월말 매수 세력(Month-End Buying)이 채권 시장에 나타날 수밖에 없는 이유에 대해서 알아보자.

대부분의 채권 인덱스들은 인덱스에 포함되어 있는 채권들이 충분한 유동성을 가지고 있게 하기 위해 여러 가지 편입 기준을 적용하고 있다. 그 중, 만기 부분에 대한 기준도 있는데, 보통 만기가 1년 이내가 되는 채권들은 인덱스에서 제외되게 된다. 즉, 지난달에는 만기가 1년에서 1년 1개월 사이로 남은 채권이 인덱스에 포함되어 있었지만, 이번 달에는 한 달이 지나면서 그 채권의 만기가 1년 이내로 짧아졌기 때문에 인덱스 편입 대상에서 제외되는 것이다. 반면에, 매달 인덱스 편입 기준에 부합되는 새로운 채권들이 발행되어서 인덱스에 편입되게 된다.

해당 월의 인덱스 조정(Index Rebalancing)은 매월 말에 행해지는데, 만기가 짧아져서 편입 대상에서 제외되는 채권들이 많을수록, 신규 발행되는 채권이 새로 편입되는 경우가 많을수록, 채권 인덱스는 그 전월의 인덱스에 비해서 인덱스 듀레이션이 증가하게 된다.

반면에, 수동적으로 인덱스를 추적하는 많은 채권 투자자들은 현재 가지고 있는 포트폴리오를 유지한다면, 벤치마크 채권 인덱스에 비해서 듀레이션이 상대적으로 짧아지게 될 것이다. 그렇기 때문에, 월말에 자신이 보유한 채권 포트폴리오가 자신이 추적하는 채권 인덱스의 인덱스 조정(Index Rebalancing)으로 인한 듀레이션 증가분(Duration Extension)을 반영하게 하기 위해서 중장기 채권을 매입하여야 하는 수요가 생기고, 이와 같은 세력들이 월말에 채권 시장의 매수 분위기(Bid Tone)를 형성하게 되는 것이다.

이 또한 채권의 만기가 짧아지는 것으로 인한 시장의 행태이므로, 주식 시장이나 여타 시장에서는 사례를 찾기 힘든, 채권 시장만의 특수한 기술적 움직임이라고 볼 수 있다.

그들만의 시장 외화채권입문

시장 조성자(Market Makers)

유통 시장의 구조에서 시장 조성(Market Making)이라는 개념에 대해서 잠시 언급하였었다. 이번 편에서는 시장 조성자(Market Maker)들이 어떻게 시장을 조성(Market Making)하는지 살펴보자.

　채권의 특성상, 모든 개별 채권의 유동성이 뛰어날 수가 없기에 주식 시장과 같은 일반적인 브로커(Broker) 시장 형태로는 유통 시장에서 거래가 활발하게 일어날 수 없다고 유통 시장의 구조에서 설명하였었다. 외화 채권 시장은 딜러(Dealer) 시장으로 운영이 되고 있는데, 각 투자 은행이 각자의 계정(Book)을 가지고 채권을 직접 매입하거나 매도하게 된다. 트레이더와 세일즈의 시장 조성자(Market Maker)로서의 역할을 다시 알아보자.

시장 조성자, 딜러 구조도

트레이더의 역할

앞서 말했듯이 트레이더는 자신이 거래하는 상품에 대한 전문가이다. 그리고, 각자의 트레이더는 자신이 운영할 수 있는 계정(Book)을 들고 있다. 그 계정(Book)으로 세일즈를 통한 투자자의 매수 매도 요청에 응하는 거래를 할 수도 있고, 자신이 취한 포지션(Position)을 헤지(Hedge)하거나 상쇄(Square)하는 거래를 할 수도 있으며, 또한 자신이 가지고 있는 전망(View)에 따라 원하는 포지션을 취해서 자본 이득(Capital Gain)을 얻을 수도 있다. 누군가가 "트레이더가 투자 은행의 꽃"이라고 이야기 했듯이, 트레이더의 계정은 실제로 수익이 벌리는, 혹은 벌려야 하는 계정이다.

트레이더는 위와 같은 계정을 이용하여 투자자가 매도를 원하는 채권을 매입해 주거나, 매수를 원하는 채권을 매도해 주면서 채권 시장에 유동성을 공급한다. 트레이더가 시장에 유동성을 공급하면서 시장 조성(Market Making)을 하는 방법은 여러 가지가 있겠지만, 아래와 같이 몇 가지 사례를 들어 보겠다.

투자자로부터 채권을 자신의 계정을 이용해서 매입해 준다.
투자자가 채권을 매도하거나 매수할 시, 세일즈들을 통해 반대 거래를 하려는 투자자를 찾아내서 상쇄 거래를 동시에 일으킨다.(Cross라고 보통 이야기한다.)
투자자가 채권을 매입하려 할 경우, 자신의 계정에 보유하고 있는 채권을 매도해 준다.
투자자가 채권을 매입하려 할 경우, 우선 공매도를 해 주고, 다른 투자자나 인터딜러 브로커(Interdealer Broker)를 통해 매수한다.

여기서 약간 양날의 검인 부분은, 느낄 수 있다시피, 트레이더의 계정(Book)의 규모가 크다면, 시장 조성(Market Making)을 더 효율적으로 할 수 있을 것이지만, 반면에 포지션(Position)이 커지게 되므로 위험(Risk)에 노출이 많이 되게 된다. 따라서, 트레이더의 계정(Book)의 크기는, 그 트레이더의 능력이나 각 투자 은행의 상황 등에 따라 결정될 것이다. 예를 들어, 미국의 서브프라임(Subprime) 이전의 한 대형 투자 은행의 아시아 회사채를 거래하던 트레이더가 약 USD 3BN 정도의 계정(Book)을 운영하였다면, 서브프라임(Subprime) 이후에 자기 자본 규제나 위험 가중 자산(RWA, Risk Weighted Assets)에 대한 제약이 심해진 지금은 아마도 수억 불 수준에 그칠 것이다.

세일즈의 역할

마찬가지로, 세일즈는 고객에 대한 전문가이다. 투자자에 대한 관계(Relationship)을 기반으로 세일즈는 투자자의 거래 수요를 처리하게 되는데, 세일즈가 거래 수요를 많이 창출하면 할수록, 트레이더는 수익을 창출할 수 있는 기회가 더 잦아지게 된다. 그러기에 매번 거래가 있을 때마다 트레이더는 그 거래에 대한 일정 부분의 보상(보통 Sales Credit이라고 표현한다. 투자 은행에 따라 상이할 수 있다.)을 주게 되는데, 투자 은행마다 기준이 있어서 채권의 유동성, 만기, 신용 등급, 발행자의 지역 등에 따라 상세하게 설정되어 있다. 물론, 트레이더가 상쇄시켜야 하는 포지션을 청산시켜 주는 거래를 해 주거나, 의미 있는 거래 등에 대해서는 트레이더의 재량껏 일반적인 보상보다 더 많은 보상을 줄 수 있다.

투자자에 대한 창구 역할을 하는 세일즈와, 그 매수/매도 수요를 자신의 계정을 이용해서 거래해 주는 트레이더를 합해서 딜러(Dealer) 역할을 한다고 표현하며, 실제 적극적으로 시장을 형성하고 조성하는 시장 조성자(Market Maker) 역할을 한다고 한다.

따라서, 채권 시장에서의 딜러(Dealer)는 보다 적극적으로 시장에 참여하는, 그 시장의 일부로서 기능하고 있다고 볼 수도 있다. 그렇기 때문에 채권 시장에서의 딜러(Dealer)들은 단순 매수 매도를 연결해 주는 브로커(Broker)들보다는 시장에 가치와 유동성을 공급하고 있으며, 투자자들 또한, 이러한 시장 정보와 거래 기능의 가치를 제공하는 딜러(Dealer)들과 우호적인 관계를 유지하고 있어야 그들이 필요로 하는 순간에 유동성을 공급받을 수 있다.

그들만의 시장 외화채권입문

트레이더의 수익 창출과
헤지(Hedge)

그렇다면, 외화 채권 시장에서의 시장 조성자(Market Maker) 역할로 각 투자 은행, 특히 트레이더는 수익을 어떻게 창출할까?

트레이더의 수익 창출

앞서도 말했듯이, 외화 채권 시장에서 투자 은행이 거래하는 방식은 수수료 기반의 거래 방식이 아니다. 대신, 트레이더는 살 때와 팔 때 가격을 틀리게 적용하는 Bid/Ask 스프레드(Spread)를 가지고 수익을 창출한다. 아니, 수익을 창출할 기회를 얻는다는 표현이 더 맞을 것이다. 예를 들면, A라는 채권의 매수 가격은 100원, 매도 가격은 101원에 호가(Quote)하는 형식이다. (물론, 스프레드 프로덕트들에 대해서는 스프레드로 호가하기에, 105/100 [단위: bp, bid/offer] 같은 형식으로 호가하겠지만, 이해의 편의를 위해 가격으로 설명하였다.)

가장 손쉽게 수익을 창출하는 방법은, $100에 매입하자마자 $101에 매도하는 것이다. 혹은 $101에 선 매도를 해놓고, $100에 매입해 오는 것이다. 그렇게 되면, 트레이더는 당장 $1의 수익을 실현하게 된다. 하지만, 여러 번 언급된 채권의 특성상, 그때그때 매수 수요와 매도 수요를 정확히 일치시킬 수 없기 때문에, 트레이더는 $100에 매입한 채권을 매도할 수 있을 때까지의 보유 기간 동안, 위험에 노출되어야 하며, 보유 기간 동안의 자금 조달 비용을 만회해야 할 것이고, 위험을 줄이기 위한 헤지(Hedge) 비용 등을 또한 감당하여야 한다. 결국 모든 거래에서 수익을 창출할 수는 없을 수도 있으며, 때로는 뜻밖의 시장 충격으로 심각한 손실을 보게 되는 경우도 물론 있다. 당연한 이야기이겠지만, 해당 채권의 유동성 등의 문제로 트레이더가 매입하거나 매도한 채권의 포지션을 상쇄시키기 어렵다고 예상될 경우, 헤지(Hedge) 비용이 더 비쌀 경우 혹은 자신이 이미 가지고 있는데 아직 상쇄시키지 못한 포지션이 오히려 증가하는 경우 등에는 Bid/Ask 스프레드를 벌릴 수밖에 없을 것이다. (예, $99/$102) 반면에, 자신이 가지고 있는 포지션을 상쇄하기 위한 거래라면, 더 공격적으로 Bid/Ask 스프레드를 줄여서 바로 위험을 떨구려 들 것이다.

아래의 경우를 살펴보자.

한 투자자가 세일즈를 통해 A채권을 USD 10MM(1천만 불) 어치 매도하고 싶다고 연락을 했다고 가정하자. 위의 경우를 그대로 적용하여, 트레이더는 $100 bid를 제시하였고 거래가 체결되었다고 가정하자.

채권을 매입하기 전의 트레이더는 $100/$101 ($100 매수 / $101 매도)을 호가하였지만 지금은 상황이 달라졌다. 남들이 $101에 offer를 내고 있다고 하더라도, 이미 물건을 $100에 매입하여 들고 있는 트레이더는 $100보다 크고, $101보다 작은 그 어떤 가격에도 거래할 수 있을 것이다. 그다지 급하지 않다면, $101을 유지하면서 $1의 수익을 실현시키려 하겠지만, 조금이라도 더 빨리 수익을 확정하고 싶다면 $100.9, $100.8… $100.5, 심지어는 $100.1도 호가할 수 있을 것이다. 투자자 입장에서는 조금이라도 더 싼 가격에 매입하려 할 것이므로, 싼 가격에 호가되면 거래가 속히 체결될 가능성이 클 것이고, 그에 따라 트레이더도 신속하게 포지션을 청산하면서 수익을 확정시킬 가능성이 크다. 이와 같이 트레이더가 가지고 있는 포지션을 청산하기 위해 공격적인 가격을 부르는 것을 Axe라고 부른다. 보통 Axed to Offer, Axed to Bid, 혹은 Buy Axe, Sell Axe 등으로 불린다.

거래를 증가시키면서 수익을 창출할 기회를 확보하는 방법으로 수익을 취할 수도 있지만, 또한 자신의 전망(View)을 가지고 매매를 할 수도 있다.

해당 채권 군에 대한 전문가로써, 특정 채권이 가격이 상승(금리가 하락)하거나 가산 금리(스프레드, Spread)가 축소될 것을 기대하고 매수를 할 수도 있으며, 그 반대의 경우에는 매도를 할 수도 있다. 뿐만 아니라, 자신이 시장 조성(Market Making)을 하는 채권이 아니더라도 일부 포지션을 취할 수 있어서, 미국 국채나 금리 스왑, 선물 등을 이용해서 자신의 전망을 기반으로 수익을 추구할 수도 있다.

트레이더의 헤지(Hedge)

트레이더는 자신이 담당하지 않는 금융 상품에 포지션(Position 혹은 Exposure)을 가져갈 수도 있지만, 여러 번 언급하였듯이, 자신이 담당하는 상품에서의 전문가이기에, 대부분의 포지션을 자신이 담당하는 상품에 보유할 것이다. 즉, 미국 국채를 거래하는 트레이더는 금리에 대한 위험을 감수하면서 수익을 창출하려 할 것이고, (위험을 감수한다는 이야기는 헤지(Hedge)를 하지 않고 포지션을 운영한다는 것을 뜻할 수 있다. 즉, 금리에 대한 투자를 위주로 한다.) 회사채 등의 스프레드 프로덕트(Spread Product)를 거래하는 트레이더들의 계정(Book) 대부분을 차지하는 포지션은 해당 상품 군의 스프레드 변화에 대한 전망 및 그로 인한 위험일 것이다.

스프레드(Spread)의 구성 편에서 사용하였던 스프레드의 구성을 다시 불러와 보자.

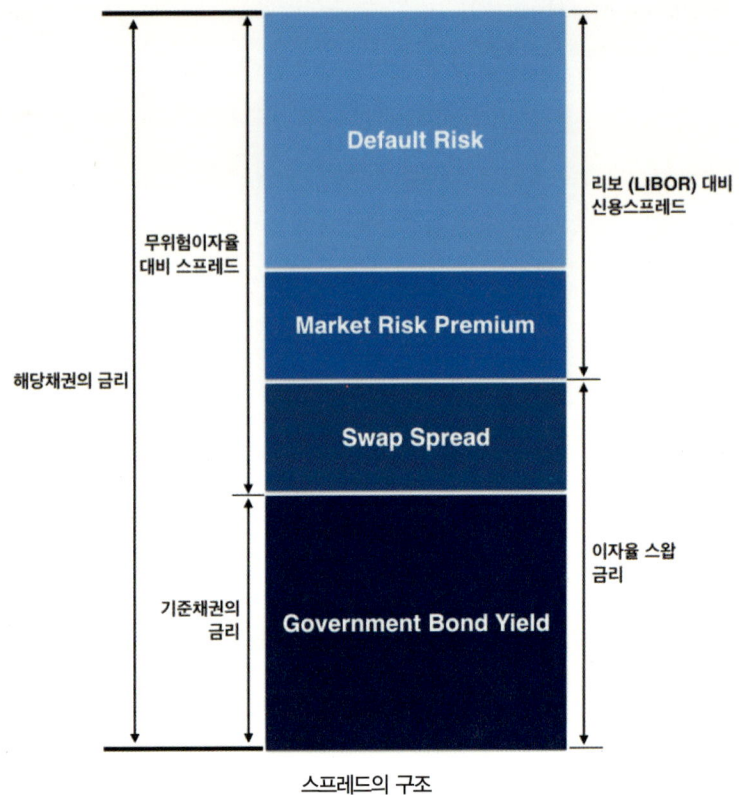

스프레드의 구조

　스프레드 프로덕트(Spread Product)를 담당하는 트레이더들이 자신이 전문으로 하는 투자 대상은, 1. 무위험 이자율 대비 스프레드, 2. 리보 (LIBOR) 대비 신용 스프레드, 혹은 3. 해당 발행사의 Default Risk 부분일 것이다.

금리의 헤지

기준 채권(혹은 Benchmark 국채)의 금리 움직임에 대한 예상은 GE채권을 담당, 거래하는 트레이더의 전문 영역이 아니다. 트레이더 입장에서도 기준 채권 금리 움직임에 대한 위험을 헤지(Hedge)하려하겠지만, 투자 은행 입장에서도 GE채권을 거래하게 하려 고용한 트레이더가 굳이 미국 국채 금리 움직임을 가지고 베팅(Betting)하는 것을 바라지는 않을 것이다. 미국 국채 금리 움직임을 가지고 베팅(Betting)하라고 투자 은행에서 믿고 뽑은 친구들은 미국 국채 트레이더들이다. 따라서 해당 GE채권 트레이더를 고용한 투자 은행은 미국 국채에 대한 포지션에 대한 한도를 제약하던가, 그들의 전문 분야가 아닌 포지션을 취하는 것에 대해 내부 조달 비용을 증가시키는 식의 방법으로 자신이 담당하는 상품을 위주로 수익을 창출하도록 유도할 것이다.

차후 스프레드 프로덕트(Spread Product)의 호가 방식에 대해서 더 자세히 언급하겠지만, 대부분의 스프레드 프로덕트들은 무위험 이자율 대비 스프레드로 호가한다. (물론, 지나치게 만기가 조금 남은 채권들, 하이일드 본드(High Yield Bond), 커버드 본드 (Covered Bond)나 상업용 부동산 담보부 증권(CMBS, Commercial Mortgage Backed Securities) 등, 혹은 상황에 따라 무위험 이자율 대비 스프레드로 호가하지 않는 경우도 있다.) 호가 이후 거래가 일어나기 전에는 무위험 이자율인 국채 금리, 달러 채권인 경우에는 미국 국채 금리를 확정하고 거래가 체결되어야 하기에, 스프레드 프로덕트의 트레이더들도 대부분의 거래에 있어 미국 국채 트레이더와 해당 채권의 벤치마크인 미국 국채의 가격을 확인한다. 이

때, 일반적으로, 스프레드 프로덕트 트레이더들은 미국 국채를 이용하여 반대 거래를 하게 된다.

예를 들면, 10년 만기의 미국 국채 최근월물(**Bloomberg PX1** 화면 편에서 설명한 바 있다.), 혹은 Current 10(CT10)을 기준 채권으로 하는 GE채권을 투자자의 요구에 의해서 트레이더가 매입하는 경우에는, GE 채권을 매입하면서 같은 명목 금액, 혹은 듀레이션 비율이 같은 CT10을 매도할 것이다. 반대로 트레이더가 GE채권을 매도하는 경우에는 CT10 을 매입하게 될 것이며, 이와 같은 기준 채권 거래는 내부적으로 스프레드 프로덕트 트레이더와 미국 국채 트레이더간에 일어나는 경우가 대부분이다.

그림으로 표현하면 아래와 같다.

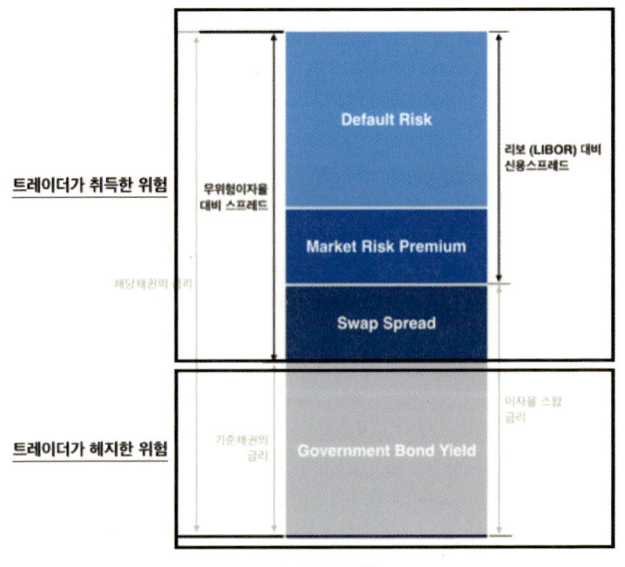

트레이더의 위험

스프레드 프로덕트 트레이더는 기준 채권을 반대 방향으로 매도 혹은 매수하면서 자신의 전문 분야인 스프레드 부분에 대해서만 포지션을 취하였다. 이와 같은 매수 매도 거래가 많으면 많을수록, 자신의 계정(Book)에 존재하는 기준 채권 금리에 대한 포지션이 서로 상쇄되는 효과도 있을 것이다.

스프레드의 헤지

기본적으로 스프레드 프로덕트 트레이더의 전문 분야이지만, 이 역시 헤지(Hedge)가 필요한 부분이 있을 것이다. 자신이 원하는 포지션이 아닌 경우, 혹은 자신이 원하더라도 지나치게 많은 포지션을 취하고 있는 경우, 당장 자신이 가지게 된 포지션을 상쇄하는 거래를 할 수 있을 것으로 예상되지 않는 경우, 혹은 새로운 변화가 예상되는 경우 등등, 트레이더가 자신의 포지션을 헤지(Hedge)해야 할 경우는 많다. 물론 상당히 다양한 헤지(Hedge) 방법이 존재하겠지만 몇 가지 예를 들어보면 아래와 같다.

신용 부도 스왑(CDS, Credit Default Swap)을 이용한 포지션 헤지

포지션을 취한 즉시 상쇄 거래가 불가능하다고 판단하였을 경우, 트레이더는 해당 발행사 이름의 신용 부도 스왑으로 포지션을 헤지할 수 있다. GE채권을 매입(혹은 매도)하였을 경우, 비슷한 만기의 신용 부도 스왑을 이용해서 신용 보장 매수(Protection Buy) [혹은 신용 보장 매도(Protection Sell)]를 통해 스프레드 움직임이 자신의 계정(Book)에 미칠 영향을 상쇄할 수 있다. 하지만, 이 경우에도 회사채와 신용 부도 스왑 간의 차이, 즉 베이시스(Basis)에 대한 위험은 존재한다. (여기서의 베이시스 위험(Basis Risk)은 회사채 스프레드와 신용 부도 스왑이 같은 방향으로, 같은 정도로 움직이지 않을 위험을 의미한다.)

유사한 채권을 이용한 포지션 헤지

늘 그렇지만, 모든 채권의 시장 유동성이 같은 것은 아니다. 더 많은 규모로 발행되었고, 더 최근에 발행된 채권들, 즉 벤치마크(Benchmark) 채권들이 유동성이 뛰어나며, 반면에 MTN이나 상대적으로 작은 규모의 발행, 발행한 지 기간이 꽤 흐른 채권들의 경우는 유동성이 떨어질 것이다. 유동성이 상대적으로 떨어지는 채권을 거래하였을 경우, 그 채권에 대한 상쇄 거래가 단기간에 여의치 않을 때, 트레이더는 비슷한 만기의 벤치마크(Benchmark) 채권을 반대 매매함으로써 자신의 포지션을 헤지(Hedge)할 수 있다. 같은 발행사의 벤치마크(Benchmark)가 마땅치 않은 경우에는 같은 지역, 같은 산업의 더 유동성이 뛰어난 벤치마크(Benchmark) 채권을 이용할 수도 있다.

신용 부도 스왑 인덱스를 이용한 포지션 헤지

Markit에서는 각종 신용 부도 스왑 인덱스(CDS Indices)를 정의하고, 운영하고 있다. CDX나 iTraxx 같은 경우가 대표적인데, 이와 같은 신용 부도 스왑 인덱스들은 그 하위 항목들이 있어서, 지역별, 산업별로 구분되어 거래가 가능하다. 포지션을 취하게 된 즉시 상쇄시키기가 힘든 경우, 그리고 기타 신용 부도 스왑(CDS)이나 벤치마크(Benchmark) 채권으로 포지션을 헤지하기도 힘들 경우, 혹은 자신의 견해에 의해 CDX나 iTraxx로 헤지하는 것이 유리하다는 판단이 설 경우, 스프레드 프로덕트 트레이더는 신용 부도 스왑 인덱스를 이용하여 포지션을 일부 헤지할 수 있다. 물론, 해당 발행사가 속한 산업의 전반적인 움직임과 포지션을 취한 채권 스프레드가 같은 방향, 같은 정도로 움직이지 않을 위험이 존재한다.

이 밖에도 여러 가지 방법으로 헤지(Hedge)하는 수단이 있을 수 있지만, 역시 가장 좋은 방법은 포지션을 취한 즉시, Bid/Ask Spread를 확정하며 상쇄 거래를 하는 것이다. 따라서 지속적이고도 안정적인 수익을 창출하기 위해서는 세일즈와의 긴밀한 협조, 그리고 적극적인 시장 조성(Market Making) 의지가 필요할 것이다.

그들만의 시장 외화채권입문

스프레드 프로덕트의 호가

간단한 개념부터 짚고 넘어가자.

 기존에 발행된 채권은 그 채권의 만기까지 모든 현금 흐름이 결정되어 있다. 굳이 공식을 다시 언급하고 싶지는 않지만, 채권의 기초 개념에서 훑어 봤던 채권의 가격 공식을 살펴보자.

채권의 가격 (혹은 예금의 가격) = 미래 예상되는 현금흐름의 현재가치
$$= [C_1/(1+r)^1] + [C_2/(1+r)^2] + \ldots + [C_n/(1+r)^n] + [P/(1+r)^n]$$

(여기서 C는 이자 지급 금액, r은 이자율, P는 채권 원금.)

 모든 현금 흐름이 결정되어 있으니, 채권이 발행되고 나면, 그 만기까지의 어느 시점, 즉 유통 시장에서 거래가 일어나는 시점의 C와 P, 그리고 만기까지의 기간인 n도 모두 고정된 변수이다. 고정되지 않은 변수는 '채

권의 가격'과 해당 채권의 이자율인 'r'밖에 없다. 미지수가 2개인 방정식이 되는 것이다. 위의 공식에서 보면, 채권의 이자율 r을 알면, 채권의 가격이 산출되고, 반대로, 채권의 가격을 알면 채권의 이자율 r은 보간법을 사용하건, 엑셀의 Solver기능을 사용하건, 블룸버그(Bloomberg)를 사용하건, 단 하나의 r이 산출될 수밖에 없다.

명심하자. 이미 발행된 채권의 경우에는, 금리를 알게 되면 가격을 알게 되고, 가격을 알게 되면 금리를 알게 된다. 그러므로 호가를 하는 사람의 입장에서는 금리로 호가를 하던 가격으로 호가를 하건 동일한 결과가 나온다.

투기 등급(High Yield) 채권의 경우에는 대부분 가격으로 호가를 하므로, 주식을 거래하듯이 가격과 물량을 맞춰서 거래하면 된다. 하지만 투자 등급(High Grade) 채권의 경우에는 기준 채권(Benchmark 국채)과의 스프레드(Spread), 혹은 가산 금리로 호가한다.

기준 채권 대비 스프레드로 호가를 하는 이유는, 기준 채권인 국채는 시시각각으로 가격이 변하고 있는 반면에, 그 기준 채권 대비 스프레드는 상대적으로 변동성이 덜하기 때문이다.

우선 그림을 살펴보자.

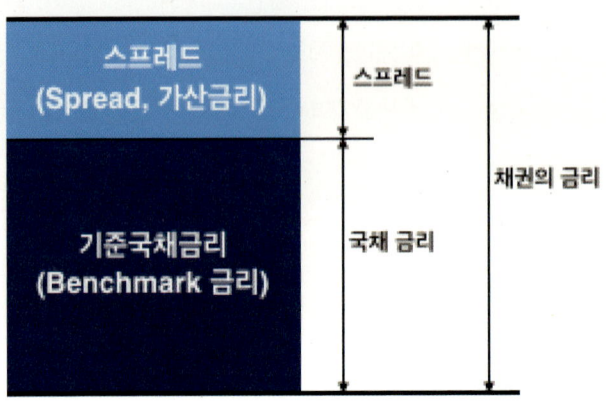

스프레드 호가

  채권의 금리 = 기준 국채 금리 + 스프레드로 표현된다. 여기서 기준 국채 금리는 변동이 잦은 부분, 스프레드는 상대적으로 변동이 적은 부분이라고 생각할 수 있다.

  위에서도 언급하였지만, 이미 발행된 채권은 가격 혹은 금리만 알면 모든 것이 결정될 수 있다. 물론, 채권의 가격, 혹은 금리를 바로 호가하면, 그 채권의 가격이 바로 결정되면서 거래가 진행될 수 있겠지만, **트레이더의 수익 창출과 헤지(Hedge)** 편에서도 잠시 언급되었다시피 모든 투자 은행이 그 상황에 따라 서로 다른 호가를 하고 있을 것이다. 투자자 입장에서는 가장 좋은 호가를 하는 투자 은행과 거래하고 싶지만, 국채 금리 부분이 계속 변화하고 있기 때문에, 모든 호가가 동시에 들어오지 않는다면 시차로 인해 비교가 곤란하다. 하지만, 각 투자 은행의 상황이나 해당 스프레드 프로덕트에 대한 호가의 배경이 시시각각으로 변화하고 있지는 않을 것이므로, 스프레드에 대한 호가는 상대적으로 변화가 적을 것이다. (물론 호가 중에 스프레드가 변할 수도 있지만, 국채 금리의 움직임에 비하면 그 변화가 덜한 편이다.) 그렇기에 시장에서는 우선 스프레드, 즉 가산 금리로 먼저 호가를 하고, 투자자가 가격을 비교하거나 매수/매도 가능 여부를 판단한 후, 거래 시점의 국채 금리를 다시 확정하여 채권의 금리를 결정, 즉 가격이 확정되는 방식으로 거래된다.

한 가지를 더 고려해 보자.

수백만, 수천만, 심지어는 수억 불이 왔다 갔다 하는 외화 채권 시장에서 거래를 함에 있어서 가장 중요한 부분은 무엇이겠는가? 상호 거래하는 거래 상대방이 서로 오해의 소지가 최소화되는 방식일 것이다. 예를 들어, 매수자와 매도자가 100bp 만큼의 스프레드에 거래하기로 했는데, 막상 거래를 확정 지으려 하니 매수자는 미국 국채 금리를 1.00%라고 주장하고, 매도자는 0.95%라고 주장하면 거래가 성사될 수가 없을 것이다. 따라서, 스프레드 프로덕트를 호가함에 있어서, 그 기준이 되는 벤치마크 국채는 거래 대상이 되는 채권과 가장 가까운 만기의, 언제나 가장 유동성이 뛰어나고, 가장 안정적으로 거래되어서 오해의 소지가 최소화되어 있는 최근 발행 국채를 사용한다. 가장 거래가 활발하고 유동성이 뛰어난 국채들에 대해서는 **Bloomberg PX1 화면** 편에서 설명한 바 있다.

요약해 보면, 스프레드를 호가하고, 그 스프레드가 거래할 조건에 부합하면, 그 이후 기준 채권의 가격(혹은 금리)을 확정하여 해당 채권의 거래 가격(혹은 금리)을 확정시키는 방식으로 외화 채권 시장에서의 스프레드 프로덕트는 거래된다. 거래는 아래와 같이 진행될 것이다.

거래 사례.

A라는 투자자가 C라는 채권을 매입하려 한다고 가정하자.

1. A라는 투자자는 거래를 원하는 투자 은행의 B세일즈에게 C채권의 상세 내역(발행사, 만기, 쿠폰)과 함께, 매수하려는 매수 규모를 정확히 이야기한다.

2. A의 연락을 받은 투자 은행의 B세일즈는 담당 트레이더에게 호가를 스프레드로 받아 온다. (예, /100 offer, 언제나 그렇듯이, bid/offer 형태로 호가를 한다./를 굳이 표현하고 그 뒤에 100 베이시스 포인트(basis point)라는 숫자를 적은 것은 매도 호가(Offer)임을 재확인하는 목적이다.)

3. A는 해당 호가를 비교하고 고려해서 거래 여부를 결정 후 B에게 다시 연락한다.

4. B는 다시 C채권의 담당 트레이더와 연락하여 기준 채권의 가격을 확인하고, 다시 C채권의 가격을 확인하여 A와 확정한다. (이 부분은

블룸버그(Bloomberg)의 YAS 스크린을 사용하면 스프레드와 기준 국채의 가격만으로 C채권의 가격이 바로 확인될 수 있다.)

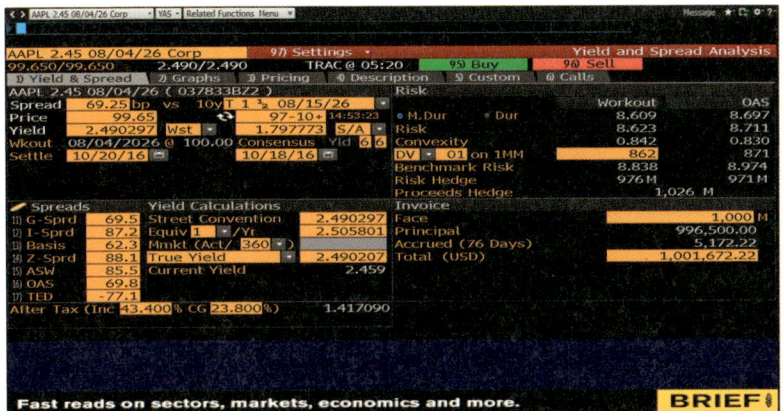

블룸버그 YAS Screen

일련의 거래 과정을 보면 알겠지만, 결국 최종에는 C채권의 가격으로 확정을 지은 것을 알 수 있다. 굳이 가격으로 확정을 하는 이유는, 금리로 확정을 하게 되면, 결제 금액 부분에 있어서 소수점 이하 부분이 제대로 끊어지지 않는 경우가 대부분이기 때문이다. 다시 말하지만, 거래 당사자들끼리의 오해의 소지가 적으면 적을수록 처리가 깔끔하다.

사람이 하는 거래에는 언제나 실수가 작용할 수 있다. 거래를 함에 있어서 언제나 확인해야 할 부분은, 1) 정확한 채권, 2) 매수/매도 방향, 3) 거래 물량, 4) 결제일 (특별한 언급이 없으면 일반적인 거래일을 적용)일 것이다.

거래 당시에는 위의 4가지 내용을 재차 확인해서 실수가 없어야 할 것이다.

그들만의 시장 외화채권입문

스프레드 프로덕트의 가치 판단

스프레드 프로덕트의 호가에서 가격의 호가는 거래 상대방 간에 오해의 여지를 최대한 줄일 수 있도록, 가장 최근에 발행되어 가장 유동성이 풍부하고 객관성이 뛰어난 미국 국채에 대한 가산 금리(Spread)로 호가한다고 설명하였다. 하지만, 같은 방식으로 채권의 가치를 판단하기에는 여러모로 곤란하다.

우선 아래의 그래프를 보자.

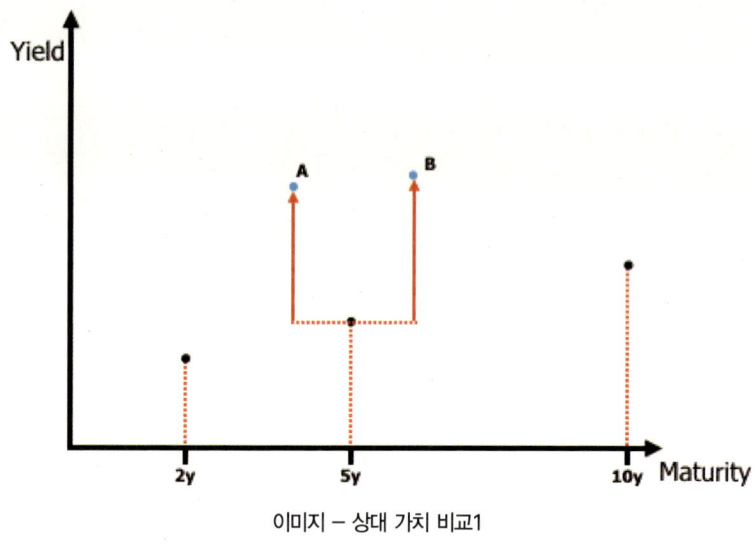

이미지 - 상대 가치 비교1

    채권 A는 발행사Z가 발행한 만기가 약 3.5년쯤 남아있는 채권이고, 채권 B는 같은 발행사Z가 발행하였고, 만기가 약 6년쯤 남아있는 채권이라고 생각하자. 또한, 이 채권들에 대해서 기준 국채를 2년, 5년, 10년, 30년을 사용하고 있다고 가정하자. (달러 물들의 경우, 보통 벤치마크 국채는 2년, (3년), 5년, 10년, 30년 혹은 OLD 30년을 사용한다. 3년을 벤치마크로 쓰는 경우도 있지만, 아닌 경우도 많다.) 채권A나 채권B 모두 가장 가까운 벤치마크 국채가 5년 국채이므로 호가는 5년 미국 국채 대비로 호가하였을 것이다. 스프레드로만 판단하면, 분명히 채권A가 채권B보다 낮은 스프레드일 것이고, 절대 금리 자체도 채권B보다 낮다. 즉, 같은 벤치마크를 사용하고, 5년 국채와 금리의 차이만 스프레드로 호가가 되기 때문에, 채권A와 채권B가 가진 만기가 다르다는 부분이 전혀 고려되고 있지 않다.

아래의 그래프를 다시 보자. 채권A와 채권B, 그리고 국채 금리들은 모두 그대로이지만, 발행사Z가 발행한 채권들의 금리 커브를 그려 보았다.

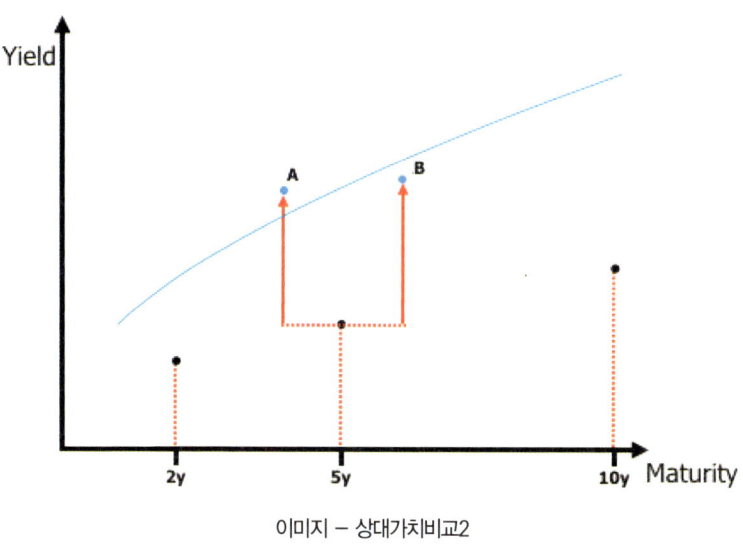

이미지 – 상대가치비교2

그림에서 하늘색 선으로 그려진 곡선은 발행사Z가 발행한 채권들의 금리 커브이다. 그림과 같이 일반적으로 채권의 커브는 우상향하는 모습을 보인다. 분명 채권A는 발행사Z가 발행한 다른 채권들보다 높은 금리에 거래되고 있고, 채권B는 발행사Z의 금리 커브에 비해서 더 낮은 금리에 거래되고 있다. 즉, A는 상대적으로 싼 채권, 높은 금리에 거래되는 채권, 높은 스프레드에 거래되는 채권이고, 반대로B는 상대적으로 비싼 채권,

낮은 금리에 거래되는 채권, 그리고 낮은 스프레드에 거래되는 채권이다. 이와 같이 만기가 다른 채권을 비교할 때는, 호가되는 미국 국채 대비 스프레드로는 적정 가치를 판단할 수 없다. 다시 아래의 그림을 보자.

연녹색의 곡선은 이자율 스왑 커브를 나타낸다. 이자율 스왑 커브로부터 각 채권의 금리까지의 직선거리를 계산하면, 미드 스왑 대비 스프레드(Spread versus Mid-Swap)가 계산되고, M/S+xx bp 등으로 표현된다. 해당 채권(채권A나 채권B)과 동일한 만기의 스왑 금리, 그 금리 중에서도 Bid와 Offer의 중간인 미드 스왑(Mid-Swap) 수준을 계산한 후, 해당 채권의 금리와의 차이를 산출한 스프레드이다.

그림에서 보다시피, Mid-Swap을 대비로 채권A의 스프레드를 산출하면 (채권A까지의 화살표의 길이), 채권B의 스프레드(채권B까지의 화살표의 길이)보다 더 높은 숫자가 나올 것을 알 수 있다. 이 기준에 의하면, Mid-Swap 대비로 채권A가 상대적으로 저렴(혹은 금리가 높은)한 채권임을 판단할 수 있다.

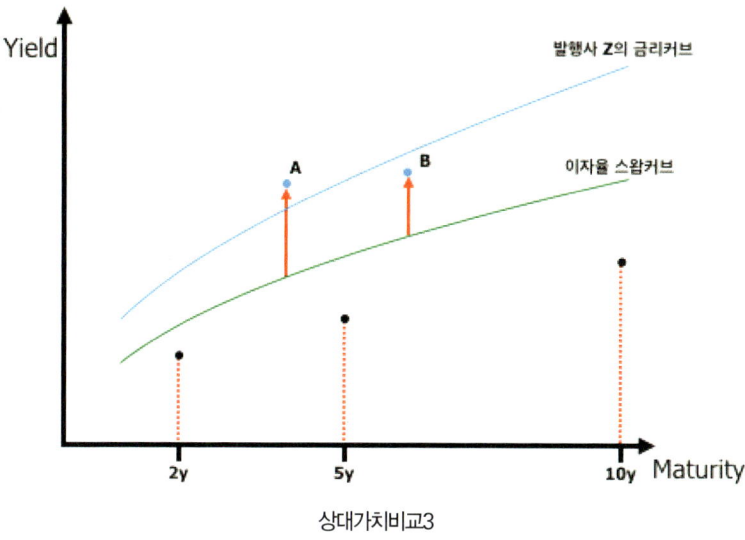

상대가치비교3

　　Mid-Swap 금리까지의 거리를 스프레드로 나타낸 Mid-Swap 스프레드는 벤치마크 국채 금리 대비 스프레드가 가진, 각 채권의 정확한 만기를 고려하지 못하는 단점을 보완해 주고, 만기가 서로 다른 두 채권의 스프레드의 적정성을 판단할 수 있도록 해 준다. 하지만, 그림에서도 보다시피, 발행사Z의 금리 커브와 이자율 스왑 커브 간의 거리, 즉 스프레드도 만기가 길어질수록 증가하는 것을 볼 수 있다. 발행사Z의 신용 위험이 만기가 길어질수록 증가하는 것은 합리적이고도 일반적인 현상이다. 결국 Mid-Swap 대비 스프레드도 그 부분을 반영하지는 못하기 때문에 상대 가치 비교를 제대로 하기 위해서는 회귀 분석 등을 통한 발행사Z의 금리 커브를 도출하고 그 위에 해당 채권의 금리가 자리 잡는지, 그 아래에 자리 잡는지를 확인해야 할 것이다.

또한, 상대적으로 발행한 지 오래된 채권, 상대적으로 발행 물량이 적은 채권, REPO시장에서의 특수성 등의 여러 가지 다른 요인들도 고려해야 할 것이다. 일반적으로 발행한 지 오래된 채권, 발행 물량이 적은 채권들은 유동성이 떨어지기 때문에 그 프리미엄으로 금리가 소폭 높은 수준에 거래되어야 할 것이며, 시장에 채권 물량의 부족으로 REPO시장에서 강한 REPO Bid를 보이는 채권들은 채권을 보유한 투자자가 추가 수입을 얻을 수 있는 기회가 있기 때문에 상대적으로 금리가 낮은 수준에 거래되는 것이 적정하다.

05

스왑의 이해

금융에서의 스왑(Swap)은 두 거래 상대방이 서로의 목적에 맞춰 현금 흐름을 교환하는 쌍방 간의 계약에 의한 파생 상품이다. 1981년에 IBM과 세계은행(World Bank)이 체결한 스왑 거래가 최초의 스왑 거래로 알려져 있으며, 쌍방 간의 상호 계약에 의한 거래이므로, 당사자 간의 필요에 의해 얼마든지 변형이 가능하다.

스왑이란?

금융에서의 스왑(Swap)은 두 거래 상대방이 서로의 목적에 맞춰 현금 흐름을 교환하는 쌍방 간의 계약에 의한 파생 상품이다. 1981년에 IBM과 세계은행(World Bank)이 체결한 스왑 거래가 최초의 스왑 거래로 알려져 있으며, 쌍방 간의 상호 계약에 의한 거래이므로, 당사자 간의 필요에 의해 얼마든지 변형이 가능하다.

외화 채권 시장에서 스왑은 필수적인 헤지(Hedge) 수단이자, 투자 수단의 하나이므로, 외화 채권 시장을 제대로 이해하기 위해서는 스왑에 대한 기초적인 지식이 반드시 필요하다.

스왑은 그 형태 및 대상에 대해서 좀 더 구체적인 이름들로 불리기도 하는데, 일례로는 아래와 같은 스왑들이 존재한다.

- 이자율 스왑(Interest Rate Swap)
- 자산 스왑(Asset Swap)

- 베이시스 스왑(Basis Swap)
- 신용부도 스왑(Credit Default Swap)
- 통화 스왑(Currency Swap)
- 토탈 리턴 스왑(Total Return Swap)
- 인플레이션 스왑(Inflation Swap)

물론 위에 언급된 것보다 실제로 훨씬 더 많은 종류의 스왑이 존재하고, 또 새로 생기고 있다.

스왑은 대부분이 장외에서 거래되는 계약에 의한 형태를 띠게 되므로, 거래 상대방 위험(Counterparty Risk)에 노출이 되어 있으며, 이에 따라 서로 담보를 주고받는 형식의 거래가 자주 일어나고 있었다. 서브프라임 사태 이후, 규제가 강화되고 있는 요즈음에는, 거래 상대방 위험을 줄이기 위해 대체로 중앙 청산소(Central Counter Party)를 통한 거래가 자리 잡고 있다.

이자율 스왑(금리 스왑, Interest Rate Swap)

스왑의 가장 기초가 되는 이자율 스왑은 금리 스왑이라고도 한다. 금융 시장에서 가장 일반적이고 거래 규모가 큰 스왑이라고 할 수 있다. 스왑(Swap)은 두 거래 당사자가 서로의 목적에 맞게 현금 흐름(Cash Flow)을 교환하는 것인데, 이자율 스왑은 일정 기간 동안의 고정 금리의 현금 흐름과 변동 금리의 현금 흐름을 교환하는 스왑이다.

예를 들어, 거래 상대방 A와 거래 상대방 B가 1년 동안, 이자율 스왑 거래를 체결하였다고 가정하면 아래와 같은 그림으로 나타낼 수 있다.

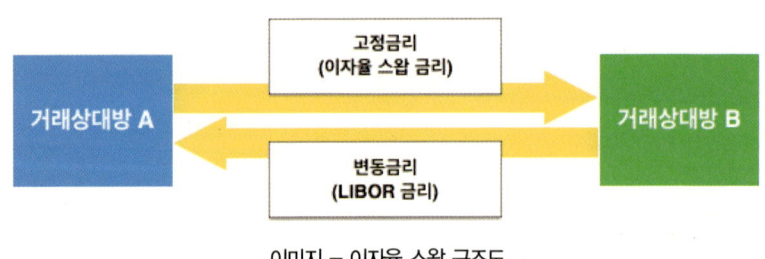

이미지 - 이자율 스왑 구조도

그림에서 보면, 거래 상대방 A는 거래 상대방 B에게 고정 금리인 이자율 스왑 금리 (Interest Swap Rate, IRS 금리, x.xx%)를 1년 동안 지급하기로 하였고, 이에 대한 반대급부로 B는 A에게 변동 금리로 LIBOR금리를 지급하기로 하였다.

여기서 A를 고정 금리 지급자, 혹은 변동 금리 수취자라고 하며, 영어로는 고정 금리를 기준으로 Rates Payer 혹은 Paying Interest한다고 표현한다. 반대로 B는 고정금리 수취자, 혹은 변동 금리 지급자라고 하며, 영어로는 Rates Receiver 혹은 Receiving Interest한다고 한다.

가장 일반적인(Standard) 형태의 미국 달러 이자율 스왑은 고정 금리 부분은 연 2회 (매 6개월)지급하고, 변동 금리 부분은 연 4회(매 3개월)에 지급한다. 그에 따른 지급 기준의 현금 흐름은 아래와 같다. 수취 기준의 현금 흐름은 역으로 생각하자.

이와 같이 이자율 스왑은 거래 시점과 거래 종료 시점에 거래 금액에 대한 현금 흐름은 교환하지 않는 Unfunded형태로 거래된다. 이자율 스왑은 자금 조달을 변동 금리로 하는 기관들이 고정 금리 채권을 매수한 후 이자율 스왑을 통해 그 현금 흐름을 변동으로 전환시켜서 이자율 위험을 헤지(Hedge)하는데 사용되기도 하고, Unfunded형태이기에, 가지고 있는 현금이 없어도 듀레이션을 증가(고정 금리 수취) 혹은 감소(고정 금리 지급)시키면서 금리에 대한 포지션을 취할 수도, 레버리지의 수단으로 이용할 수도 있다.

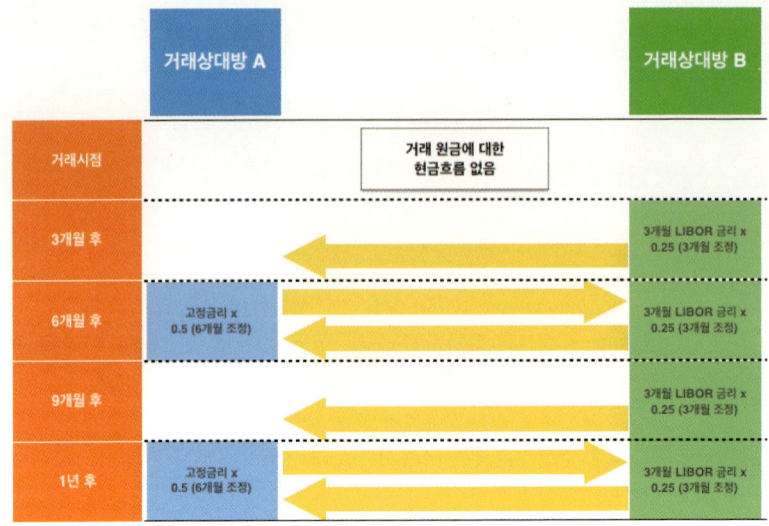

이자율 스왑 현금 흐름

    이자율 스왑 거래를 통해 노출되는 위험은 1) 이자율 위험(금리 위험)과 2) 거래 상대방 위험이다. 고정 금리 수취자는 이자율 스왑 금리가 상승할 경우 포지션에 손실(Mark to Market Loss)을 겪게 되는 반면, 고정 금리 지급자는 이자율 스왑 금리가 하락할 경우 손실을 입게 된다. 또, 모든 스왑 거래가 그러하듯, 거래 상대방이 계약대로 이행을 하지 않을 위험, 혹은 거래 상대방이 부도가 나는 등의 거래 상대방 위험이 항시 존재한다.

[블룸버그 USSW 화면]

그들만의 시장 외화채권입문

자산 스왑(Asset Swap)

자산 스왑(Asset Swap)은 자산을 보유한 투자자가 자산으로부터의 현금 흐름을 변동 금리나 고정 금리로 변화시키기 위해 계약하는 스왑을 말한다. 일반적으로, 고정금리 채권을 매입한 투자자가 채권으로부터의 고정 금리 현금 흐름을 변동 금리 현금 흐름으로 전환하기 위해 이자율 스왑 거래를 하고, 이자율 스왑의 조건을 보유한 고정 금리 채권의 현금 흐름과 동일하게 계약함으로써 변동 금리 채권(Floater, 혹은 Floating Rate Note, FRN)을 보유한 것과 같은 경제적 효과를 누리게 된다.

그러므로 자산 스왑은 결국 이자율 스왑의 일종이라고도 볼 수 있는데, 그림으로 나타내면 아래와 같다.

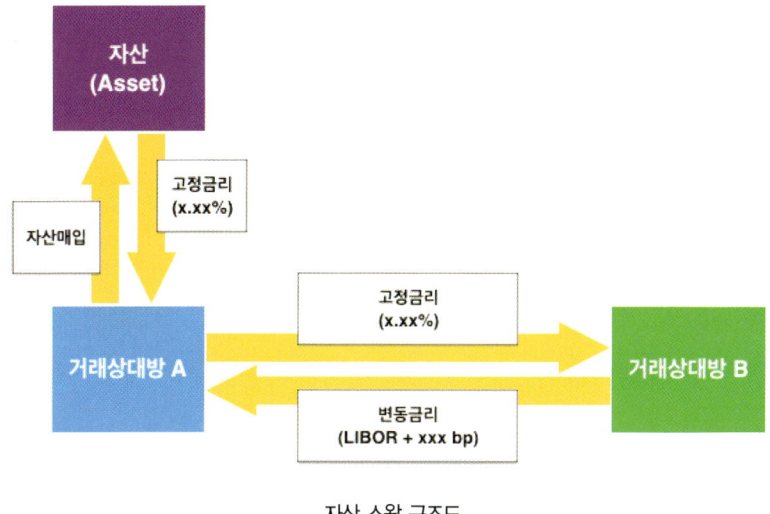

자산 스왑 구조도

그림에서 보다시피 자산 스왑은 이자율 스왑과 거의 동일하다. 단지 거래 상대방 A는 이자율 스왑의 고정 금리 지급 조건을 투자한 자산으로부터의 현금 흐름, 즉 투자한 자산의 고정 금리 쿠폰의 지급액과 지급 시기로 일치시키고, 이에 대한 반대급부로 스왑 거래 상대방 B로부터 변동 금리를 지급받게 된다. 거래 상대방 A는 이와 같은 거래를 함으로써 이자율의 변동으로 인한 자산 가격의 변화 위험을 헤지(Hedge)할 수 있다.

거래 상대방 A는 1) 고정 금리 자산 매입, 2) 매입한 자산의 현금 흐름을 고정 금리로 지급하는 이자율 스왑 거래 계약의 두 가지 단계로 거래함으로써 위에서 언급했다시피 변동채에 투자한 것과 거의 동일한 경제적 효과를 얻게 되는데, 변동채 투자 시와의 차이점은, 스왑 거래 상대방인 B에 대한 거래 상대방 위험이 존재한다는 점이다.

이와 같은 거래는 일반적으로 조달 금리가 변동 금리의 성격을 띠는 은행 및 금융 기관들이 많이 거래하게 된다. 그냥 변동채를 매입하는 대신, 고정채를 매입하고 자산 스왑을 하여 변동채를 매입한 것과 같은 경제적 효과를 얻는 주된 이유는 1) 시중에 유통되거나 신규 발행되는 변동채가 그 수요에 비해 많이 부족하고, 2) 변동채는 대체로 유동성이 떨어져서 만기 전에 유통 시장에서 매도할 시에는 거래 비용이 더 많이 발생(즉, 매입할 때는 더 비싼 가격으로, 매도할 때는 더 싼 가격으로 거래하는 경우가 많음)하기 때문이다.

이 때, 매입한 자산, 즉 고정 금리채가 Par(원금의 100%)가 아닌 경우, 채권 쿠폰의 현금 흐름만 변동 금리로 교환하는 쿠폰 스왑(Coupon Swap), 그리고 채권과 스왑의 거래 금액이 Par(원금의 100%)라고 가정하고 거래하는 파-파 스왑(Par-Par Swap)의 두 가지 형태로 거래할 수 있다. 파-파 스왑의 경우 투자 자산의 원금도 Par라고 가정하기에 거래 시점에 채권 투자 가격과 Par의 차액을 정산하게 된다.

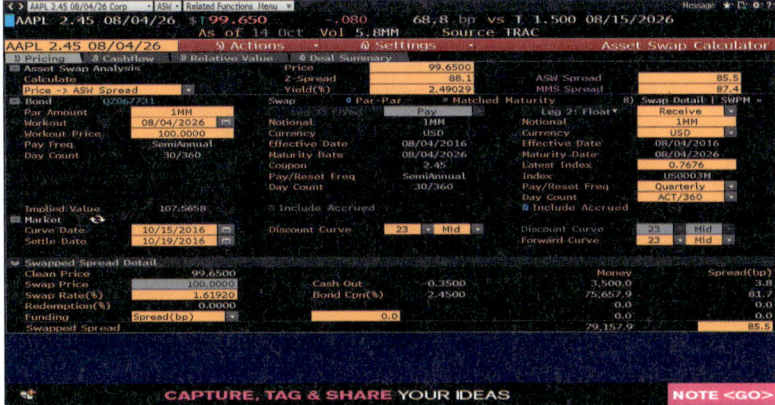

블룸버그 ASW 화면

 **[심화] 쿠폰 스왑(Coupon Swap)과 파–파 스왑(Par-Par Swap)**

자산 스왑(Asset Swap) 편에서 후반에 간략하게 언급하였던 쿠폰 스왑(Coupon Swap)과 파–파 스왑(Par-Par Swap)에 대해서 좀 더 자세히 알아보자.

사례는 채권의 기초 | 채권의 수익률과 쿠폰 이자율 편에서 사용하였던 사례를 기준으로 조금 더 가정을 추가하자.

사례1.

A채권은 만기가 3년인 채권으로, 현재 시장 금리가 3.00%이며, 쿠폰 이자율이 3.00%, 매년 이자 지급을 하는 채권이다. (따라서, 채권의 가격은 100, 즉 Par Value이다.) 현재 시장의 3년 만기 이자율 스왑 금리는 1.00%라고 가정하자. 앞선 사례에서는 설명의 단순화를 위해서 모두 일 년에 1번 지급하는 것으로 가정하였지만, 이번 편에서는 고정 금리는 1년에 2번, 변동 금리는 1년에 4번 지급되는 가장 일반적인 형태로 살펴보자.

우선 채권에서의 현금 흐름은 다음의 그림과 같다.

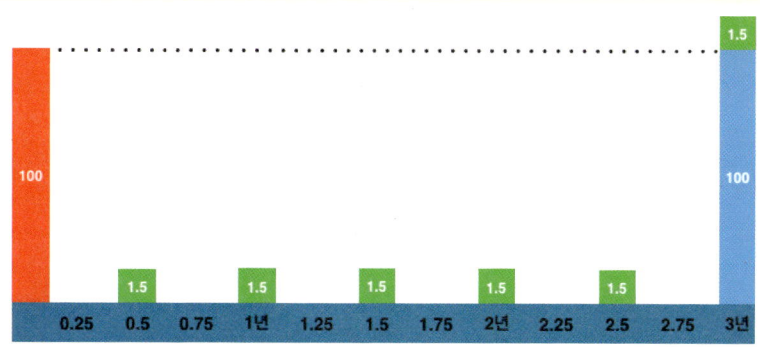

투자 시점에 100만큼의 투자를 하여 채권을 투자하고, 매 반기 말에 3/2, 즉, 1.5만큼씩의 쿠폰 이자를 지급받으며, 만기에는 원금 100과 마지막 반기의 이자 금액인 1.5만큼을 지급받는다.

자산 스왑을 하였다면, 현재 이자율 스왑 금리가 1.00%이기 때문에, 연 3.00%를 고정 금리로 지급하는 반면, LIBOR+200bp 상당의 변동 금리를 수취할 수 있을 것이다.

채권의 매입 및 원금 회수 부분을 제외하고, 스왑 부분만 그림으로 나타내면 아래와 같을 것이다.

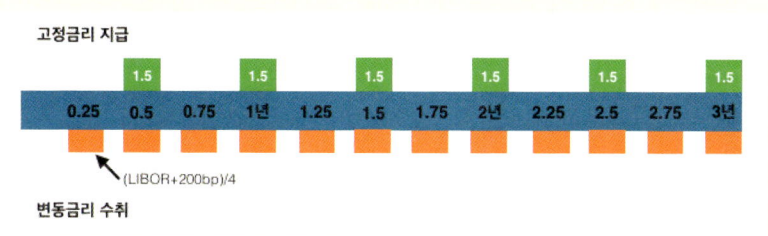

주의해야 할 부분은, 주황색으로 표시된 변동 금리 수취 부분의 현금 흐름은 3개월 LIBOR가 변하는 만큼 그 금액이 변하므로, 일정하다고 볼 수 없다.

대상 자산의 가격이 Par인 경우에는 쿠폰 스왑(Coupon Swap)과 파-파 스왑(Par-Par Swap)의 결과가 동일하다.

사례2.

B채권은 만기가 3년 남은 채권으로, 현재 시장 금리가 3.00%이며, 쿠폰 이자율이 1.00%, 1년에 2번 이자 지급을 하는 채권이다. 채권의 가격은 약 94.34이다. 현재 시장의 3년 만기 이자율 스왑 금리는 1.00%로 사례1과 동일하다. B채권의 현금 흐름을 그림으로 나타내면 아래와 같다.

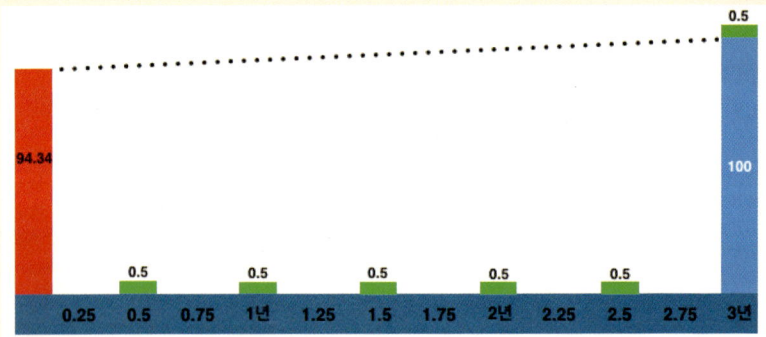

초기 투자시점에 약 94.34를 투자하였고, 매 반기 당 0.5(연 1.00%)만큼의 쿠폰 이자를 지급받지만, 만기에 원금을 100만큼 돌려받기 때문에 쿠폰 이자 금액 이외에 5.66만큼의 원금 상승분을 수익으로 획득하게 된다. 채권의 기초 | 채권의 수익률과 쿠폰 이자율 편에서 언급하였듯이 5.66만큼이 시간 가치를 고려하면 연

2.00% 어치의 수익이 되며, 채권의 수익률은 3.00%가 된다.

우선 쿠폰 스왑(Coupon Swap)의 경우를 살펴보자. 쿠폰 스왑(Coupon Swap)의 경우에는 원금 부분을 고려하지 않고, 쿠폰 지급 금액만을 가지고 이자율 스왑을 하게 되므로, 쿠폰 이자율인 연 1.00%를 고정 금리로 지급, 이에 상응하는 LIBOR flat (혹은 LIBOR+0bp)을 변동 금리로 지급받게 될 것이다. 아래의 그림과 같다.

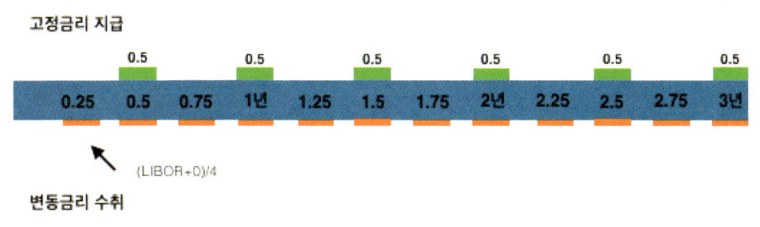

다시 말해서 쿠폰 스왑(Coupon Swap)을 하게 되면, 채권의 쿠폰 지급액에 대해서만 변동 금리로 헤지(Hedge)하게 되며, 투자 원금이나 만기 시 원금의 차이 부분에 대해서는 금리 헤지(Hedge)가 되지 않기 때문에, 채권으로부터 발생하는 채권의 수익률 전체를 헤지(Hedge)하는 것은 아니다.

사례2의 채권을 파-파 스왑(Par-Par Swap)으로 거래하는 경우를 살펴보자. 파-파 스왑(Par-Par Swap)은 채권 매수 가격을 100, 즉 파(Par)에 했다고 가정하고, 또한 만기에도 채권의 원금인 100, 즉 파(Par)만큼을 받는 것으로 가정한다. 채권을 매도하는 매도자가 파-파 스왑을 번들(Bundle)로 하게 되는 경우에는 채권 매수자가 채권가격에 상관없이 100만큼을 지급하고 그 현금 흐름을 변동 금리로 수취하게 되지만, 굳이 매도자 가격과 스왑 상대방(Swap Counterparty)

이 동일할 필요는 없다. 여기서는 채권을 94.34에 매수하였고, 매도자가 아닌 다른 스왑 상대방(Swap Counterparty)과 파-파 스왑을 하는 것으로 가정하자.

일단 스왑 거래 시점에, 채권 매수자, 고정 금리 지급자, 또는 변동 금리 수취자(다 동일한 투자자이다.)는 100, 즉 파(Par)와 매수 가격의 차이인 5.66만큼의 금액을 스왑 상대방에게 지급하게 된다. 거래 초기에 파-파(Par-Par)를 만들기 위해 원금 일부의 교환이 생기는 것으로 업프론트 지급(Upfront Payment)이 생긴다고 표현한다. 이 업프론트 지급 금액은 시간 가치를 반영하여, 연 2.00%, 혹은 200bp의 금리로 환산될 것이다. 그림을 그려 보면 다음과 같다.

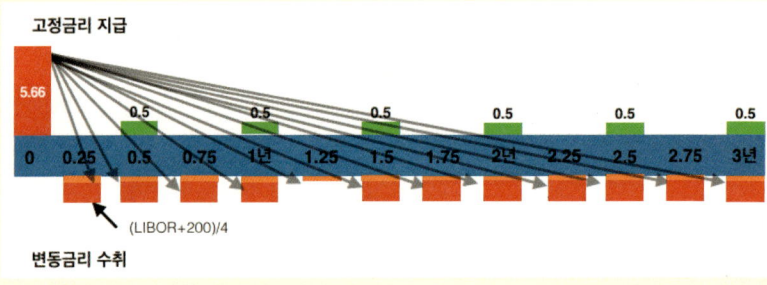

사례3.

C채권은 만기가 3년 남은 채권으로, 현재 시장 금리가 3.00%이며, 쿠폰 이자율이 5.00%, 매년 이자 지급을 하는 채권이다. 이 채권의 가격은 100보다 높은 가격에 형성되어 약 105.66라면, 쿠폰 스왑(Coupon Swap) 금리는 5.00%에 상응하는 LIBOR+400bp 수준의 변동 금리를 지급받게 될 것이다. 이 부분은 굳이 다시 그림으로 나타내지는 않겠다.

반면에, 파-파 스왑(Par-Par Swap)의 경우에는 5.66만큼의 파(Par)를 초과하는 금액을 지불하고 채권을 매입하였기 때문에, 업프론트 지급 금액을 사례2와는 반대로 수취하게 될 것이다. 그림으로 나타내면 아래와 같다.

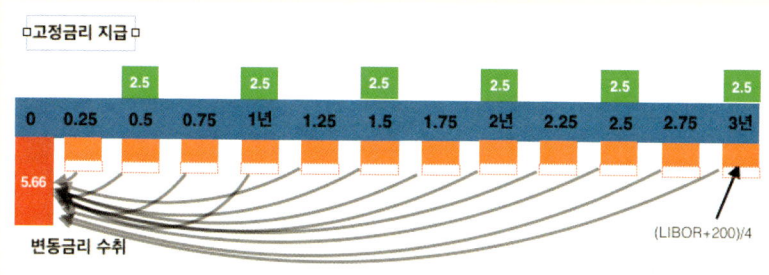

결국, **채권의 기초 | 채권의 수익률과 쿠폰 이자율** 편에서 채권의 수익률이 원금이 만기에 파(Par)가 되는 부분을 반영하듯이, 파-파(Par-Par)에 대한 가정으로 인해 초기 채권 매입 가격과 파(Par)만큼의 차이만큼, 업프론트 지급 금액이 발생하며, 이 지급 금액이 시간 가치로 환산, 각 변동 금리 수취 기간에 반영되는 개념이다. 쿠폰 스왑(Coupon Swap)과 달리, 파-파 스왑(Par-Par Swap)은 투자 원금의 변화 부분까지 반영하게 되므로 채권을 매입하면서 기대하는 채권의 만기 수익률 전체에 대한 금리 위험을 변동 금리로 헤지(Hedge)하게 된다.

그들만의 시장 외화채권입문

신용 부도 스왑(CDS, Credit Default Swap)

2008년 리만 브라더스 사태 이후, 이제 신문에서도 종종 신용 부도 스왑에 대한 이야기가 나온다. 외평채의 신용 부도 스왑 가산 금리가 증가하였다거나 감소하였다는 등의 기사들이 종종 눈에 띄는데, 이 신용 부도 스왑, Credit Default Swap 혹은 약자로 CDS라고 주로 불리는 스왑에 대해서 좀 더 알아보자.

신용 부도 스왑 역시 스왑의 일종으로, 준거 채권에 대한 신용 리스크를 기반으로 거래하는 스왑이다. 아래의 그림을 살펴보자.

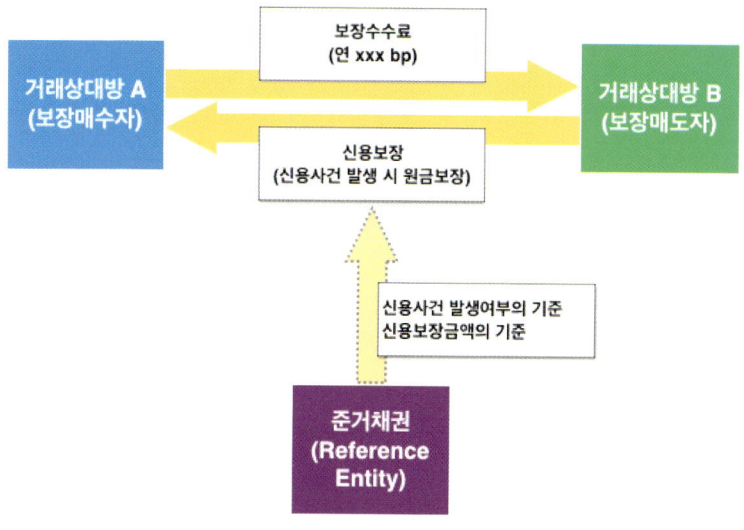

신용 부도 스왑 구조도

위의 그림에서 거래 상대방 A, 혹은 신용 보장 매수자(Protection Buyer) A는 일정 수준의 보장 수수료를 거래 상대방 B, 즉 신용 보장 매도자(Protection Seller) B에게 지급하는 대신, 준거 채권(Reference Entity)의 신용 사건(Credit Event) 발생 시, 원금을 보장받는 거래를 하게 된다. 신용 사건이 발생하지 않았다면 준거 채권의 현금 흐름이 신용 부도 스왑 현금 흐름에 영향을 미치지 않지만, 준거 채권은 신용 사건의 발생 여부, 신용 사건 발생 이후 보장 금액의 산정 등의 기준이 된다.

보장 수수료는 신용 프리미엄(CDS Premium)에 거래 금액을 곱한 금액으로 계산된다.

보장 매도자 B는 준거 채권에 대한 신용 사건이 발생하지 않는다면, 보장 매수자 A로부터 신용 부도 스왑의 거래 만기까지 지속적으로 보장 수수료를 지급받게 된다. 신용 사건이 발생하지 않았을 경우의 현금 흐름을 살펴보자. 여기서 신용 사건이라함은, 거래 당시 양 당사자 간에 협의하기 나름이지만, 일반적으로 준거 채권의 부도, 채무 구조조정, 지급 불능 등의 사건을 포함한다.

보장 매수자 A는 보장 매도자 B와 신용 부도 스왑 거래를 체결하고 그 조건은 아래와 같다.

만기: 5년(일반적으로 5년 신용 부도 스왑이 가장 거래가 많이 되므로 유동성이 가장 뛰어나다.)

신용프리미엄: 100bp(bp는 Basis Point의 약자로, 1/100 % 포인트를 의미한다. 즉 100bp는 연 1%를 나타낸다.)

지급주기: 매 3개월 (일반적인 신용 부도 스왑 거래는 매 3개월 주기로 지급하는 경우가 많다.)

거래금액: US$ 10,000,000 혹은 10MM

보장 매수자 A와 보장 매도자 B의 현금 흐름은 아래와 같다.

	보장매수자 A	보장매도자 B
거래 시점	현금 흐름 없음	현금 흐름 없음
3개월 후	1천만 불 × 1.00% × 0.25 지급	1천만 불 × 1.00% × 0.25 수취
6개월 후	1천만 불 × 1.00% × 0.25 지급	1천만 불 × 1.00% × 0.25 수취
9개월 후	1천만 불 × 1.00% × 0.25 지급	1천만 불 × 1.00% × 0.25 수취
……	……	……
5년 후	1천만 불 × 1.00% × 0.25 지급	1천만 불 × 1.00% × 0.25 수취

여타 스왑에 비해서 특별히 더 복잡한 부분은 없다. 매 3개월마다 신용 프리미엄 1.00%를 거래 금액에 곱한 금액을 3개월 어치씩 지급하는 것이다. 신용 사건이 발생하지 않았다면, 신용 보장 매수자 A로부터 신용 보장 매도자 B에게로 한쪽 방향으로만 현금 흐름이 발생한다.

그렇다면, 신용 사건이 발생하게 된 경우는 어떨까?

계약 당시 당사자 간에 합의해야 하는 결제 방식은 1) 물리적 결제 (Physical Settlement)와 2) 현금 결제(Cash Settlement)의 두 가지 경우가 있다.

1) 물리적 결제(Physical Settlement)

보장 매수자 A는 거래 당시 사전에 약속된 인도 가능 채권 목록 내에서 거래 금액 만큼(여기서는 미화 1천만 불)의 준거 채권을 보장 매도자 B에게 인도하고, 보장 매도자 B는 거래 금액 전체를 보장 매수자 A에게 지급한다.

2) 현금 결제(Cash Settlement)

최근에는 더 일반적으로 사용되는 방법이다. 물리적 결제와 다르게 실제 채권의 교환이 일어나지 않는다. 신용 사건 발생 시, 보장 매도자 B는 거래 금액에서 준거 채권의 회생 비율(Recovery Ratio)을 차감한 금액을 보장 매수자 A에게 지급한다. 회생 비율이라 함은 준거 채권의 신용 사건 발생으로, 부도 처리 및 청산 등의 절차를 거친 후에 채권자에게 지급되는 금액을 채권 원금에 대한 비율로 나타낸 것이다. 예를 들어, 100원만큼의 채권이 발행되었고, 해당 기업이 부도가 난 이후, 그 기업의 모든 자산을 처분하여 우선 변제할 금액을 변제한 이후, 채권자에게 남은 금액이 40원이라면 회생 비율은 40%가 된다. 이 모든 과정이 끝마치기까지는 상당한 시간이 걸리므로, 일반적으로는 투자 은행 여러 곳의 준거 채권 회생 비율에 대한 경매(Auction) 결과를 따른다.

결국, 보장 매수자 A는 신용 사건이 발생할 경우에 준거 채권에 대한 원금 보장을 받기 위해 일정 금액의 보험료를 보장 매도자 B에게 지급하는 형태이므로, 신용 부도 스왑은 보험과 비슷한 성격을 가지고 있다.

주의할 부분은, 보장 매수자 A는 준거 채권에 대한 보장을 매입함으로써 준거 채권의 신용 위험을 매도(Credit Short) 포지션을 취하였으며, 보장 매도자 B는 신용 위험을 매수(Credit Long) 포지션을 취하였지만, 그들 두 거래 당사자 간의 거래였으므로, 준거 채권을 발행한 발행 기업은 전혀 개입되지 않았다는 점이다. 채권 발행자가 채권을 추가로 발행할 필요도 없고, 또한 그들에게 본 거래에 대해서 알릴 필요도 없기 때문에, 신용 부도 스왑을 이용하여 인위적으로 새로운 채권(신용 연계 증권 혹은 Credit Linked Note, CLN)을 만들어 낼 수도 있다.

신용 부도 스왑의 위험은 크게 세 가지로 볼 수 있다. 우선 1) 준거 채권의 신용 변화로 인한 위험과 2) 신용 사건 위험, 그리고 여느 스왑 거래와 마찬가지로 3) 거래 상대방 위험이 있다.

1) 대상 채권의 신용 변화로 인한 위험

대상 채권의 신용도 변화로 인하여 신용 프리미엄이 변화할 경우, 보장 매수자와 보장 매도자의 보유 포지션에 대한 가격 변화 위험(Mark to Market Risk)이 존재한다. 즉, 신용 프리미엄이 상승할 경우, 신용 보장 매도자는 손실을 입게 될 것이고, 반대의 경우에는 보장 매수자가 손실을 기록하게 될 것이다. 그렇지만 그와 같은 손익은 시가 평가에 의한 손익이고, 신용 부도 스왑 만기까지 신용 사건이 발생하지 않고, 포지션을 청산하지 않는다면 두 거래 상대방의 현금 흐름은 변하지 않는다. (물론 시가 평가 손익의 변화로 인해 포지션을 유지하기 위해서 추가적인 담보가 제공되긴 한다.)

2) 신용 사건 위험

보장 매도자의 경우에 해당된다. 실제로 신용 사건이 일어났을 경우, 보장 매도자는 일반적으로 여태껏 받아 오던 보장 수수료에 비해 상당히 큰 금액을 보장 매수자에게 지급하게 된다.

3) 거래 상대방 위험

여느 스왑 거래와 마찬가지로, 양 당사자 간의 거래이기 때문에 거래 상대방 위험이 항시 존재한다. 특히 신용 사건이 발생하였을 경우 거래 상대방이 파산하거나, 지급 불능의 상태가 되어 버릴 수도 있으며, 리만 브라더스 사태 같은 경우와 마찬가지로, 신용 프리미엄이 엄청나게 증가한 경우인데도 불구하고 거래 상대방인 리만 브라더스가 파산하게 되면서, 거래 상대방이 사라져 버린 경우도 있었다.

신용 부도 스왑은 다양한 목적에 의해 활용되는데, 1) 채권 보유자들이 가지고 있는 채권 보유 포지션을 헤지(Hedge)하기 위해서 사용하거나, 2) 신용 위험에 대한 포지션을 취하는 경우(위에서 보았듯이 신용 부도 스왑은 원금 교환이 없는 [Unfunded] 형태의 거래이므로 레버리지 용도로 많이 사용됨), 3) 신용 연계 채권(Credit Linked Note) 나 신용 부도 스왑 인덱스(CDS Indices) 등 기타 다양한 추가 신용 파생 상품을 제작하는 경우에 많이 활용되고 있다. 뿐만 아니라, 2007년, 2008년 미국의 서브프라임 사태 이후, 금융 시장의 유동성이 급격히 감소하게 되면서, 신용 부도 스왑은 현물 채권에 비해서 훨씬 거래량이 많았기에, 긴급한 포지션 청산 용도로도 활용되었었다.

 ## 신용 사건이 예상되는 기업의 신용 부도 스왑

대부분의 경우에 금리 커브는 우상향하고, 마찬가지로 한 기업의 신용 스프레드도 우상향하는 것이 일반적이다. 마찬가지로, 신용 부도 스왑(CDS, Credit Default Swap) 레벨도 아래와 같이 우상향하는 것이 일반적이다.

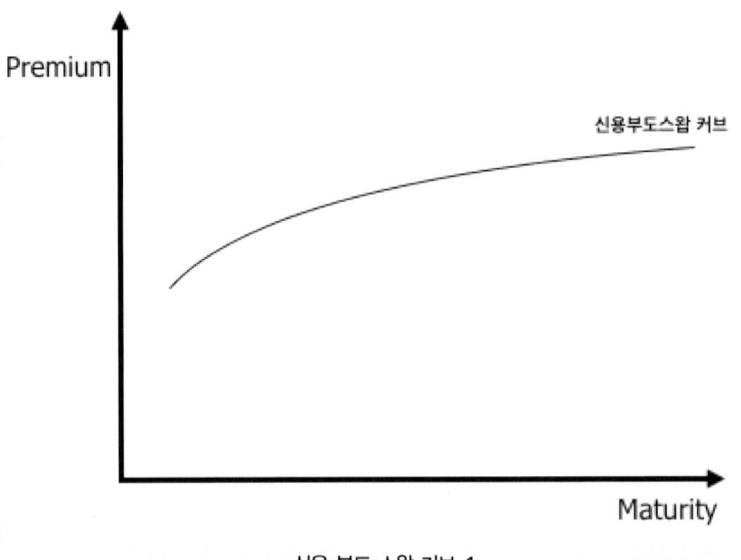

신용 부도 스왑 커브_1

당연히 신용 사건(준거 채권의 부도, 채무 구조조정, 지급 불능 등)이 예상되는 기업의 신용 부도 스왑은 그 절대적인 프리미엄의 수치가 현저히 높은 수준에서 형성될 것이다. 뿐만 아니라, 그 커브 또한 완전히 다른 양상을 띤다. 아래의 그림을 살펴보자.

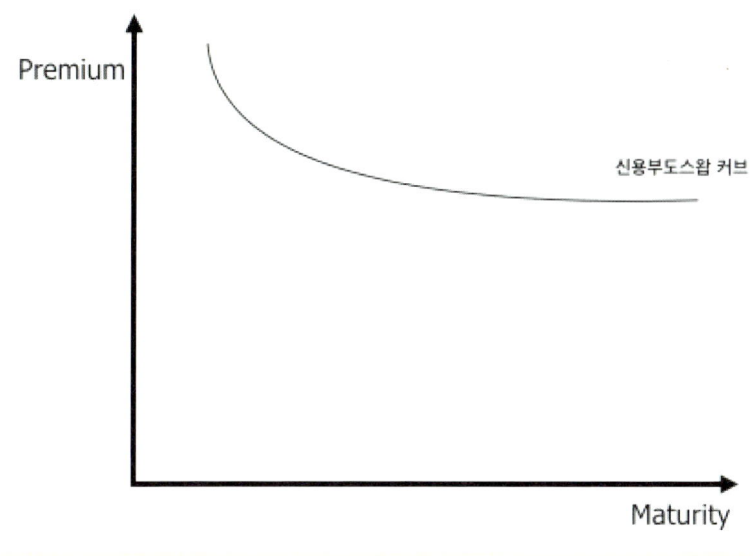

신용 부도 스왑 커브_2

각 만기의 신용 부도 스왑 프리미엄이 급격히 증가하면서, 신용 부도 스왑 커브가 전체적으로 위로 상승하겠지만, 그 커브의 형태 자체도 우하향하는 모습을 띠게 된다. 특히 1년, 2년 신용 프리미엄이 급격히 증가하게 된다.

물론 이와 같은 현상이 일반적인 현상은 아니다. 한 기업의 지급 불능이 예상되는 경우는 흔치 않을뿐더러, 신용 부도 스왑이 활발하게 거래되고 있는 기업의 지급 불능이 예상되는 경우는 더 흔치 않기 때문이다. 필자도 이러한 모습을 자주 보지는 못하였으나, 2008년 3월 베어 스턴즈(Bear Sterns)가 제이피모건(J.P. Morgan)에 인수되고 난 후, 그 해 연말까지 각 투자 은행들의 신용 부도 스왑을 지켜보다가 자주 접하게 되었다.

왜 단기 신용 프리미엄이 더 급격히 증가하게 될까? 필자의 생각은 다음과 같다.

1. 금융 시장의 공황으로 일정 정도 신용 프리미엄이 증가하게 되면, 신용 부도 스왑의 만기가 장기일수록, 그 증가 폭에 제한이 생길 수밖에 없다. 예를 들어, 가장 유동성이 활발한 5년 신용 부도 스왑의 경우, 기본적으로 신용 부도 스왑이란 원금에 대 한 보장의 성향을 띄는 보험이기에, 신용 프리미엄이 연 20% 이상으로 증가하는 것은 합리적이거나 이성적이지 않다. 원금 100%을 보장받기 위해 연 20% 이상을 5년 간 지급한다면, 5년 후에는 원금 이상의 보장 비용을 내게 될 것이다. 따라서 5년 신용 부도 스왑은 20%(혹은 2,000bp) 이상 상승하는 것이 현실적으로 거의 불가능해 보이지만, 1년 신용 부도 스왑은 70%-80% (7,000bp - 8,000bp) 이상까지도 갈 수 있다. (사실 필자는 2008년 당시, 5년 신용 프리미엄이 20% 이상까지 증가하는 경우도 본 적이 있다. 당시 시중은행의 한 투자자가 필자에게 전화를 걸어 5년 신용 프리미엄이 20% 이상 (당시 20%대 초반까지 올라갔었다)에 거래되는 것이 논리적으로 가능한지에 대해서 한참을 토론했던 기억이 있다. 물론 급격한 시장의 패닉에 의한 단기적인 현상이었기는 하다.)

2. A라는 기업이 현재 부도 위기에 처해 있다고 가정하자. 신용 부도 스왑이 활발하게 거래되고 있었던 A기업이기에, 작은 규모의 기업이 아니었을 것이다. 대부분의 투자자는 지금 현재의 상황(예, 당시 서브프라임 사태)에 의해 A기업이 어려움을 겪고 있지만, 이 상황을 모면하면 다시 살아날 수 있을 것이라고 판단할 것이다. 실제로 2008년 당시 어려움을 겪고 있었던 기업들은 수십, 심지어는 백 년이 넘도록 건재하던 투자 은행들이었다. 따라서 투자자 입장에서는 혹시 모를 위험을 굳이 장기로 헤지하려 하지 않고, 1년만 먼저 헤지하고, 그 이

후 상황을 지켜보면서 추가 헤지 여부를 판단하려 할 것이다.

3. 3년, 5년, 10년 만기의 신용 부도 스왑으로 투자자가 가진 포지션을 헤지하였을 때, 혹시라도 해당 기업의 신용 사건이 발생하지 않고, 시장이 안정화된다면, 투자자의 신용 부도 스왑에 대한 시가 평가(Mark to Market) 손실은 1년 신용 부도 스왑보다 극심할 것이다. 전반적인 신용 부도 스왑 프리미엄이 5% 하락할 경우, 1년 신용 부도 스왑으로 헤지한 투자자는 원금의 5% 정도를 손실로 보겠지만, 10년 신용 부도 스왑으로 헤지한 투자자는 50%에 가까운 손실을 입게 될 것이다.

다른 이유가 더 있을지도 모르겠지만, 필자가 이해하는 위의 3가지 이유가 충분히 급격한 커브 모양의 변화를 설명해 줄 수 있을 것이다.

역으로 생각하면, 한 기업의 신용 부도 스왑 커브를 살펴보면, 신용 사건 위험에 대해서 짐작할 수도 있을 것이다. 물론 시장 참여자들이 합리적인 판단을 했다고 가정했을 때다. 특히, 투자 은행들과 같은 금융 기관은 더 확실해 보일 수도 있다. 제조 기업들과는 다르게, 투자 은행을 비롯한 금융 기관들을 단기 자금이 융통이 되지 않으면, 지급 불능에 도달할 확률이 급격히 높아진다. 시장 참여자들이 한 금융 기관에 대해 거래 상대방 위험에 대한 의문을 제기하고, 그 의문이 다른 시장 참여자들에게도 증폭된다면, 해당 금융 기관에 대한 신용 부도 스왑 커브는 급격히 상승하면서 위의 그림과 같이 우하향하는 모습을 띨 것이다. 대부분의 단기 투자자들은 자금을 회수하려 할 것이고, 혹은 만기가 도래한 자금의 기한 연장을 하지 않으려 할 것이기에, 해당 금융 기관의 신용 사건 위험은 더욱더 증가한다.

그들만의 시장 외화채권입문

통화 스왑(Cross Currency Swap, CCS, CRS)

통화 스왑, 영어로는 Cross Currency Swap, CCS 혹은 CRS로 서로 다른 통화, 즉 이종 통화 간의 스왑 거래이다. 대부분의 스왑 거래는 초기 및 만기에 원금 교환이 없는(unfunded) 형태를 띠지만, 통화 스왑은 초기 및 만기에 원금 교환이 있는 (funded) 형태의 거래가 일반적이다. 투자자 입장에서는 자신이 보유한 통화 (예를 들면, 원화)로, 통화 스왑으로 거래하려 하는 상대 통화(예를 들면, 미국 달러화)를 차입하는 효과가 생긴다. 통화 스왑도 여느 스왑과 마찬가지로 거래 상대방 위험이 존재하며, 각 통화는 일반적으로 금리의 변동성보다 훨씬 더 큰 변동성을 띠기 때문에, 거래 상대방에 대한 담보를 설정하거나 거래 한도를 세밀하게 관리하는 등 거래를 승인받거나 유지하기가 까다로운 편이다.

우선 그 거래 구조를 살펴보자.

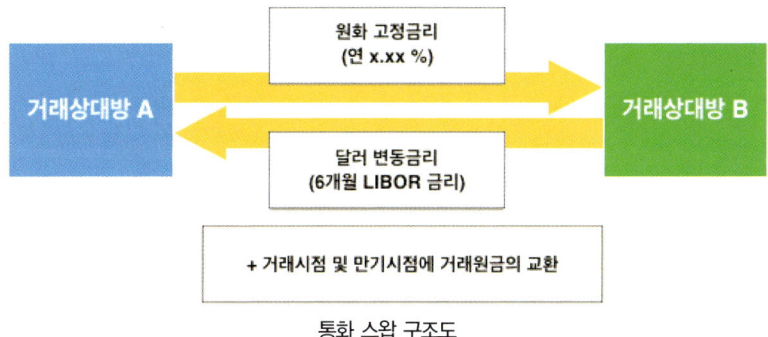

통화 스왑 구조도

위의 거래는 일반적으로 사용되는 기본적인 원 달러 통화 스왑이다. 거래 초기 이종 통화 간의 원금 교환이 있으며, 거래 상대방 A는 원화 고정 금리를 지급, 이에 대한 반대 급부로 거래 상대방 B는 달러 변동 금리를 지급한다. 여기서 주의해야 할 점은, 원화 고정 금리는 1년에 2번, 또 달러 변동 금리도 1년에 2번, 6개월 LIBOR(London Inter-Bank Offered Rate)를 지급한다는 것이다. 참고로, 일반적인 미국 이자율 스왑이나 자산 스왑에서는 분기별 지급, 즉 3개월 LIBOR를 기준하여 거래되는 것이 보통이다.

통화 스왑의 현금 흐름은 아래와 같다.

	A (달러 변동금리 수취)	B (원화 고정금리 수취)
거래 시점	(지급)달러 거래 금액 (거래시점 환율)(수취) 원화 거래금액 (거래시점 환율)	(지급) 원화 거래금액 (거래시점 환율)(수취) 달러 거래금액 (거래시점 환율)
6개월 후	(지급) 원화 고정금리 x 원화 거래금액(수취) 달러 변동금리 x 달러 거래금액	(지급) 달러 변동금리 x 달러 거래금액(수취) 원화 고정금리 x 원화 거래금액
1년 후	(지급) 원화 고정금리 x 원화 거래금액(수취) 달러 변동금리 x 달러 거래금액	(지급) 달러 변동금리 x 달러 거래금액(수취) 원화 고정금리 x 원화 거래금액
……	……	……
만기 시점	(지급) 원화 고정금리 x 원화 거래금액(수취) 달러 변동금리 x 달러 거래금액(지급) 원화 거래금액 (거래시점 환율)(수취) 달러 거래금액 (거래시점	(지급) 달러 변동금리 x 달러 거래금액(수취) 원화 고정금리 x 원화 거래금액(지급) 달러 거래금액 (거래시점 환율)(수취) 원화 거래금액 (거래시점

위에서 여러 번 언급되었듯이, 통화 스왑은 기본적으로 초기 및 거래 만기에 원금 교환이 수반한다. 이와 같은 통화 스왑은 국가 간에 거래되기도 하며, 기업이 외화로 채권을 발행할 경우, 그 지불해야 하는 금액을 원화로 고정, 즉 헤지(Hedge)하는 경우에도, 그리고 그와 반대로 투자자가 외화로 해외 자산에 투자하였을 시에 이를 자산 스왑(Asset Swap)과 연계하여 외화로 된 현금 흐름을 원화로 고정, 즉 헤지(Hedge)하는 경우에도 종종 사용된다.

그들만의 시장 외화채권입문

베이시스 스왑(Basis Swap)

베이시스 스왑(Basis Swap)은 이자율 스왑의 일종으로, 일반적으로 이자율 스왑이라고 하면 고정 금리 대 변동 금리의 현금 교환을 하지만, 베이시스 스왑은 두 거래 상대방의 필요에 따라 변동 금리 대 변동 금리의 현금 흐름을 거래하게 된다. 이자율 스왑을 이해한다면 베이시스 스왑은 간단하게 이해될 것이다.

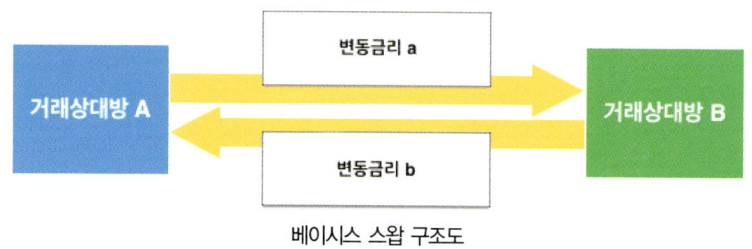

베이시스 스왑 구조도

거래 상대방 A는 일정 기간 동안 거래 상대방 B와 필요에 의해 서로 다른 Reference의 변동 금리를 교환하는 거래를 체결한다. 예를 들면, 미국 3개월 LIBOR금리와 미국 6개월 LIBOR금리를 교환하는 거래를 일정 기간 동안 하는 동종 통화 간의 거래도 가능하고, 이종 통화 간에 유럽

6개월 EURIBOR금리와 미국 3개월 LIBOR금리를 교환할 수도 있다. 동종 통화 간에는 원금 교환이 없는(Unfunded) 거래가 일반적이고, 이종 통화 간에는 통화 스왑과 마찬가지로 원금 교환이 이루어지는 경우가 대부분이다. 역시, 계약에 의한 거래이므로 여느 스왑과 마찬가지로 거래 상대방 위험은 존재한다.

그들만의 시장 외화채권입문

토탈 리턴 스왑
(Total Return Swap, TRS)

1997년 초, 미국계 투자 은행인 제이피 모건(JP Morgan)은 국내 금융 기관에게 낮은 금리의 엔화를 빌려주고, 동남아 채권에 투자하는 파생 금융 상품을 판매했었다. 당시 다이아몬드 펀드, 어드밴스드 펀드 등의 이름으로 총 7개의 펀드, 투자 원금 총액 2억 7천만 달러 상당을 모집하였었고, 이 펀드 상품들은 엔화와 태국 바트화 간의 토탈 리턴 스왑(Total Return Swap, TRS) 구조가 포함되어 있었다. 97년 7월 이후 태국 바트화가 폭락하면서 투자자들의 손실은 눈덩이처럼 불어났으며, 이후 국내 및 해외에서 각종 소송이 걸리면서 국제적인 이슈가 되었었다.

우선 다이아몬드 펀드나 어드밴스드 펀드 같은 복잡한 구조는 접어 두고, 국내 투자자들에게 그 엄청난 손실을 안겨 준 토탈 리턴 스왑이 무엇인지, 토탈 리턴 스왑에 내재된 위험은 무엇인지 알아보자.

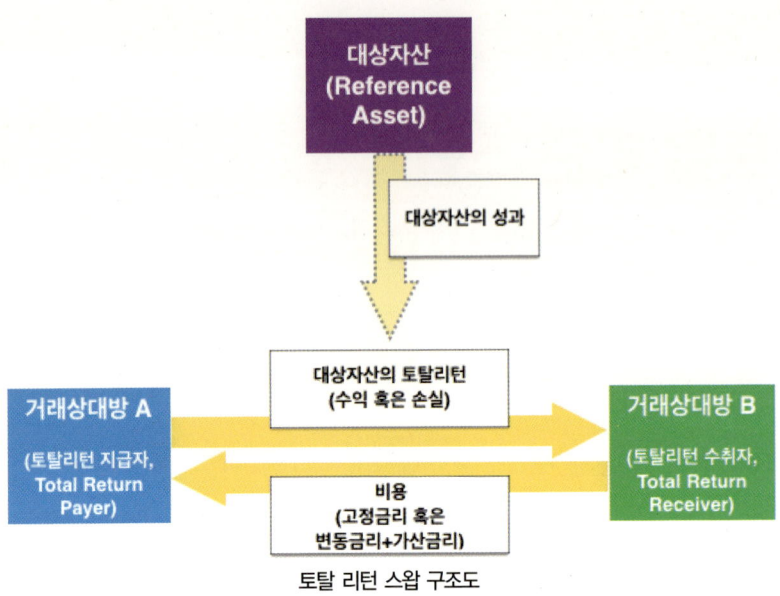

토탈 리턴 스왑 구조도

토탈 리턴 스왑의 구조를 그림으로 나타내면 위와 같다. 사실 토탈 리턴 스왑 그 자체는 그다지 복잡하거나 위험한 구조가 아니다.

차트에 보이듯이, 토탈 리턴을 수취하려는 수취자, 거래 상대방 B가 일정 비용(보통 고정 금리 혹은 변동 금리+가산 금리)을 토탈 리턴 지급자, 거래 상대방 A에게 지불하고, 토탈 리턴 지급자는 대상 자산의 성과를 그대로 수취자에게 지급하여 주는 구조이다. 물론 대상 자산으로부터 손실이 발생하게 되면 토탈 리턴 지급자는 음(-)의 성과를 지불한다. (다시 말해서, 토탈 리턴 수취자가 그 손실만큼을 토탈 리턴 지급자에게 지불한다.) 대상 자산은 주식, 채권, 주가 지수, 환율 등 토탈 리턴 지급자가 그 성과를 헤지(Hedge) 혹은 위험을 감수할 수 있는 그 어떤 자산도 가능하다.

이와 같은 토탈 리턴 스왑은 토탈 리턴 수취자로 하여금 대상 자산을 직접 매입하지 않아도 그 성과를 그대로 취할 수 있게 해 주기 때문에, 수취자가 쉽게 직접 거래할 수 없는 대상 자산에 대한 투자가 가능하고, 레버리지 효과 등을 통해 수익을 극대화할 수 있다. 반면에 토탈 리턴 지급자는 스왑에 대한 비용을 수익으로 수취하고, 대상 자산의 성과를 지급하기 위해 충분한 헤지(Hedge)를 하거나 혹은 대상자산에 대한 View가 있다면, 스스로 대상 자산의 성과 지급에 대한 위험을 지게 된다(대상 자산에 대한 숏 포지션 [Short Position]).

본 구조에서, 토탈 리턴 수취자 입장에서의 주요 위험은 두 가지가 있을 것이다. 1) 대상 자산의 성과(손실)에 대한 위험과 2) 토탈 리턴 지급자의 거래 상대방 위험이다.

1) 대상 자산의 성과(손실)에 대한 위험

위에도 언급되었지만, 토탈 리턴 수취자는 대상 자산을 직접 보유하지 않고 그 성과를 취할 수 있기 때문에 일반적으로 레버리지를 하는 경우가 많다. 이런 경우 대상 자산에서의 손실이 증가할 경우, 토탈 리턴 스왑의 비용뿐 아니라, 그 손실을 지급해야 하기에 무분별한 레버리지 상태에서 대상 자산의 손실이 증가하게 되면 토탈 리턴 수취자는 큰 손해를 입을 수 있다. 97년의 태국 바트화 연계 펀드들의 경우가 이와 같은 경우였다.

2) 토탈 리턴 지급자의 거래 상대방 위험

토탈 리턴 스왑은 두 당사자 간의 계약에 의한 것이므로, 대상 자산에서 수익이 발생하였더라도 토탈 리턴 지급자가 이를 지급하지 못하는 상태가 된다면 수취자는 대상 자산의 성과를 획득하지 못한다. 따라서 토탈 리턴 스왑의 계약서를 꼼꼼하게 확인하여야 하고, 거래 상대방인 토탈 리턴 지급자의 신용 상태를 체크해 봐야 할 것이다.

반면, 토탈 리턴 지급자 입장에서의 주요 위험은, 1) 대상 자산의 헤지 위험과 2) 토탈 리턴 수취자의 거래 상대방 위험이 있다.

1) 대상 자산의 헤지 위험

대상 자산에서 성과가 발생하였을 시에 토탈 리턴 지급자는 그 성과를 수취자에게 지급하여야 한다. 따라서 지급자 스스로 대상 자산의 성과가 악화될 것을 예측하고 이에 대한 숏 포지션(Short Position)을 취하려 하지 않는 이상, 대상 자산에 대한 헤지(Hedge)를 해야 한다. 토탈 리턴 수취자로부터의 비용 지급이 충분한 수준이라면, 지급자가 직접 대상 자산을 매입, 그 성과를 수취자에게 지급하는 것이 가장 확실하다. 하지만, 세금의 문제나 대상 자산 직접 매입이 불가능한 경우, 또는 해당 시장 자체가 비효율적인 경우 등 다양한 이유로 인해 대상 자산의 성과를 가장 가깝게 따를 수 있는 좀 더 효율적인 방식으로 헤지를 하는 경우가 더 많을 것이다. 헤지가 완전하지 않을 경우, 대상 자산의 성과를 헤지 수단이 제대로 반영하지 못하는 위험도 존재한다.

2) 토탈 리턴 수취자의 거래 상대방 위험

    토탈 리턴 지급자의 거래 상대방 위험과 거의 동일하다. 대상 자산에서 손실이 발생하였을 경우, 토탈 리턴 수취자가 이를 지급하지 못하는 신용 위험일 것이다. 마찬가지로 토탈 리턴 스왑의 계약서를 꼼꼼하게 확인하여야 하고, 거래 상대방인 토탈 리턴 수취자의 신용 상태를 체크해 봐야 할 것이다. 수취자나 지급자의 신용 위험의 경우 담보 지급 등의 방법으로 거래 상대방 위험을 줄이는 경우도 많다.

    이상으로 토탈 리턴 스왑의 구조와 위험에 관해 살펴보았다. 덧붙여서 말하자면, 이는 두 당사자 간의 거래이기 때문에 어떤 형태로든 변화될 수 있고, 그 어떤 자산에 대해서도 상호 합의만 일어난다면 거래할 수 있다. 또한, 위의 그림에서 보이듯이, 그 구조 자체가 위험한 형태는 전혀 아니다. 대부분의 장외 파생 상품 거래가 신용 위험이 존재한다는 것을 생각해 보면 토탈 리턴 스왑 그 자체의 위험은 주로 대상 자산의 성과, 그리고 레버리지에서 나온다.

그들만의 시장 외화채권입문

인플레이션 스왑
(Inflation Swap)

사실 스왑 거래는 두 거래 당사자 간의 계약에 의한 거래이기에, 이 세상의 어떤 자산도 그 자산에 대한 위험을 감수할 수 있는 거래 상대방만 있다면, 토탈 리턴 스왑을 통해 거래할 수 있다. 인플레이션도 물론 마찬가지일 것이다. 우리나라를 비롯한 아시아 전반적으로는 아직 인플레이션을 거래하는 기관들이 그다지 많지 않아서 시장이 제대로 형성되어 있지 않지만, 선진 금융 시장에서는 그 거래 수요가 상당하다. 이에 따라, 인플레이션 스왑 시장이 발달하여 활발한 거래가 진행되고 있고, 토탈 리턴 스왑 형태가 아닌, 인플레이션 시장 자체의 일반적인 거래 방식(Market Convention)이 따로 존재한다. 선진 금융 시장의 일반적인 거래 방식에 기준하여 인플레이션 스왑(Inflation Swap)에 대해서 알아보자.

인플레이션 스왑도 일반 이자율 스왑과 기본적인 개념은 비슷하다. 한쪽의 거래 상대방은 고정 금리를 일정 기간 동안 지급하고, 반대편의 거래 상대방은 이에 대해 그 기간 동안의 인플레이션 변동분을 지급하게 된다. 하지만, 일반적으로 거래되는 인플레이션 스왑은 거래 시점부터 만기까지 현금 흐름이 없는 제로 쿠폰 스왑 (Zero Coupon Swap) 형태를 띤다. 도식화하면 아래와 같다.

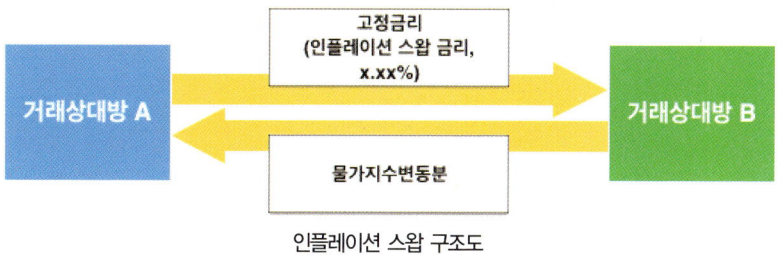

인플레이션 스왑 구조도

보다시피 일반적인 이자율 스왑의 거래와 같은 구조이며, 변동 금리 대신 기간 동안의 물가 지수 변동분을 주고받는다. 하지만 위에서 언급했다시피, 제로 쿠폰 스왑의 형태를 띠기 때문에, 거래의 현금 흐름은 아래와 같다.

	거래 상대방A(인플레이션 수취)	거래 상대방B(고정 금리 수취)
거래 시점	현금 흐름 없음	현금 흐름 없음
거래 기간 中	현금 흐름 없음	현금 흐름 없음
만기 시점	만기 물가지수 / 기초 물가지수 −1 [수취]	(1+고정금리)^기간 [수취(복리)]

공식이 좀 복잡해 보이지만 사실 (1+고정금리)^기간은 거래 시점 약정한 고정 금리를 기간 동안의 복리로 지급하기 위한 공식이고, 만기 물가 지수 / 기초 물가 지수 − 1은 기간 동안의 물가 지수 변동분을 계산

한 것이다. 일반적으로 미국에서는 CPI-U라는 미국 소비자 물가 지수 도시 소비자 비계절 조정 지수를 자주 사용하며, 유럽에서는 Eurozone HICP(ex Tobacco) 지수를 사용한 거래가 활발하다. 또한 주의하여야 할 점은, 인플레이션 스왑의 물가 지수는 기준점을 3개월 이전의 물가 지수로 삼는다는 점이다. 이는 대부분의 국가들의 물가 연동채(Inflation Linked Bond)가 3개월 지연되는 물가 지수를 반영하는 방식인 캐나다 모델(Canadian Model)을 채택하기 때문이다. 여느 스왑들과 마찬가지로 거래 상대방 위험은 존재한다.

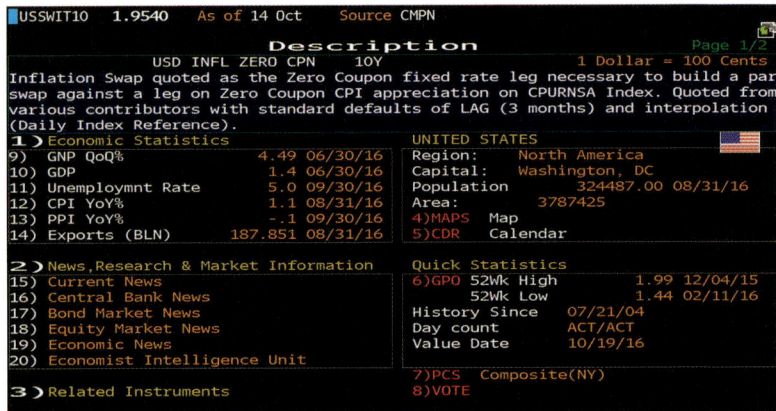

블룸버그 인플레이션 스왑 DES